Gide Genet Mishima

Inteligência da perversão

CATHERINE MILLOT

Gide Genet Mishima

Inteligência da perversão

TRADUÇÃO
Procopio Abreu

EDITOR
José Nazar

Companhia de Freud
editora

TÍTULO ORIGINAL
Gide Genet Mishima: Intelligence de la perversion

Direitos de edição em língua portuguesa adquiridos pela
EDITORA CAMPO MATÊMICO

CAPA
Femme à la Corneille, *de Picasso*

EDITORAÇÃO ELETRÔNICA
Victoria Rabello

TRADUÇÃO
Procopio Abreu

REVISÃO
Sandra Regina Felgueiras

EDITOR RESPONSÁVEL
José Nazar

Rio de Janeiro, 2004

FICHA CATALOGRÁFICA

M595g

Millot, Catherine.
[Gide, Genet, Mishima. Português]
Gide, Genet, Mishima: inteligência da perversão / Catherine Millot; tradução: Procopio Abreu; editor: José Nazar. – Rio de Janeiro: Companhia de Freud, 2004.

140 p.; 23cm.

Tradução de: Gide, Genet, Mishima: intelligence de la perversion.

ISBN 85-85717-87-4

1. Gide, André, 1869-1951 – Comportamento sexual. 2. Genet, Jean, 1910- Comportamento sexual. 3. Mishima, Yukio, 1925-1970 – Comportamento sexual. 4. Escritores franceses – Séc. XX – Comportamento sexual. 5. Escritores japoneses – Séc. XX – Comportamento sexual. I. Abreu, Procopio. II. Nazar, José. III. Título.

CDD-848

Companhia de Freud
editora

ENDEREÇO PARA CORRESPONDÊNCIA
Rua da Candelária, 86 – 6º andar
Tel.: (21) 2263-3960 • (21) 2263-3891
Centro – Rio de Janeiro
e-mail: ciadefreud@ism.com.br

Índice

Um talento perverso

Eles não são do mesmo mundo e, no entanto, um estranho parentesco os liga. Aqui, importam menos os gostos sexuais que uma semelhante inclinação para os extremos e um mesmo desafio lançado a este princípio supremo da razão que é a lei de não-contradição. Tanto o pensamento como a vida desses homens obedecem, no entanto, a uma implacável exigência. Mas eles têm a arte de fazer de necessidade virtude e uma faculdade de vencer a infelicidade que é um assunto de estilo. Aqui, a língua os leva, suas ambigüidades, suas inversões, seus equívocos profundos.

São perversos, e não interpretaremos mal essa palavra se por ela designarmos uma habilidade particular de usar de um poder que nem por isso é menos profundamente humano, o de realizar o único milagre que valha: transmudar o sofrimento em gozo e a falta em plenitude.

É esta também uma das vocações da arte, é por isso que eles escreveram tão belos livros.

Mais que qualquer outra coisa, o sexo permite transpor as barreiras, desfazer os muros. Ainda mais na homossexualidade e sua predileção pelos encontros abruptos, anônimos, livres do que as exigências sociais impõem de abordagens convencionais. Mas, aqui, o que espanta é que um modo de pensamento tão singular que torna aquele que ele habita estranho a seus pares, seus semelhantes de classe, de cultura ou de raça, possa ser encontrado, igual, num outro do qual aparentemente tudo o separa. Maurice Denis dizia de Gide que ele parecia com um japonês de Lausanne. Somos capazes de apostar que se poderia, *mutatis mutandis*, dizer o mesmo de Mishima. E, estranhamente, esses dois parecem falar a mesma língua. Quanto ao grande burguês de infância mimada demais e ao ex-presidiário da Assistência Pública, se, puro acaso, não se encontraram nos *bas-fonds*, nem por isso deixaram de partilhar o amor pela língua francesa e uma mesma perversidade em fazer servir suas belezas ao relato de suas torpezas.

Vou resumir essa comunidade na estranheza em dois termos, transmutação e polarização, que articularei ao desabono [*désaveu*] e à clivagem descritos por Freud. Esses dois mecanismos psíquicos – *savoir-faire* ou procedimentos, como quiserem – encontram seu fundamento primitivo no que chamarei a erotização da pulsão de morte.

Mais que outras, a vida deles foi colocada de imediato, pelo luto ou pelo abandono, sob o signo de um desejo de morte. Como se, neles, ela tivesse querido se invaginar, reintegrar à força sua origem. Sempre, é verdade, mais ou menos, jaz no cerne da vida um tal movimento de retorno: o desejo pela mãe, aquele com o qual ela cativa o filho e que o retém, é antes de mais nada isso.

Após Freud, quis-se ver no amor exclusivo demais de uma mãe a causa primeira da homossexualidade masculina. O que dizer, pois, de Genet, que ao nascer foi separado da sua? E Mishima, que mesmo antes de desmamado foi entregue à avó? Aqui reina uma estranha equivalência entre o abandono pela mãe e o abandono à mãe, que talvez ainda esconda o mais decisivo: a sorte desta, deixada à deriva pela defecção do pai. Pois, talvez, seja apenas no desejo dele que acaba se enraizando o desejo de viver.

A sós, o filho e a mãe parecem juntos fadados à errância e ao enclausuramento. Gide, Genet, Mishima, os três conheceram aprisionamento na "cela", familiar ou carcerária, até mesmo aquela, monacal, que a escrita quer, alternando com o nomadismo, a não ser que eles os conjuguem, como Genet, que, a qualquer outra habitação, preferia os quartos de hotéis na vizinhança das estações, em cidades sem nome.

Ele tiveram que de origem inventar um nó: o que fizeram com o sexo para exercerem um domínio sobre a morte. Eles eram desejados mortos: para eles, a morte tornou-se desejável. Foi, para cada um, uma maneira de forçar as coisas, como o barão de Crach, que não deixa de lembrar a elação maníaca por onde o melancólico pula fora de sua infelicidade petrificada. Mas eles, é o sexo que os levanta.

Aquele que vai morrer tornou-se objeto das fantasias eróticas da primeira infância: para Gide, a imagem ofeliana de uma criança que se abandona às águas, para Mishima, a do pária, sacrificado a alguma tarefa abjeta e mortal. Entrelaçando a cadeia do erotismo e a trama da perdição, eles teceram assim a tela de fundo de suas existências. Aqui nasce o "talento perverso" deles, conforme as palavras de Mishima, na linha direta do masoquismo originário, dito erógeno, que Freud mostrou que consiste em ligar ao sofrimento a graça de um gozo e que, neles, permitiu essa inversão por onde, como nos místicos, o abandono oscila do passivo ao reflexivo, da derrelição ao arrebatamento.

Na falta do desejo de um pai, a erotização da pulsão de morte seria um esforço de recuperação para, apesar de tudo, ligar Eros e Tânatos, para erigir o sexo como muralha contra a morte. Como o gênio segundo Sartre, trata-se de uma via que inventamos para vencer um má partida, uma maneira de reverter uma situação desesperada. É uma vitória, mas *à la* Pirro, a ser renovada sempre, pois o sexo, forçado a erigir-se sem cessar contra a morte, por essa luta a ela permanece ligado e, às vezes, com o tempo, é ela quem ganha.

Se a erotização da morte permite fazer, como Genet, do abandono uma felicidade, ou como Mishima, da dor um prazer e da perda uma alegria, as ameaças de destruição tornam-se por isso promessas de gozo. O gosto pelo nada vem a seguir e será ele que encontraremos numa aspiração ao sacrifício que tomará, em Gide, tanto a forma da abnegação virtuosa quanto da dissolução do vício, e dessa paixão pelo anonimato que o acompanha com tanta freqüência.

A esse império da morte, Gide, Genet, Mishima foram desigualmente submetidos; Gide dele se livrou graças a esse enxerto do desejo cumprido pela sedução por sua tia. A vida ficou, para Genet, marcada por uma rejeição mais radical. É a Gide que ele escrevia, bem jovem ainda, estas palavras em que se clama o abismo que, aqui, os separa: "Mestre, vós que cantastes a Vida, que, antes, a sussurrou com tanta paixão, dela disse o mistério com tanto ardor a vosso Nathanael, não compreendereis que se possa estar morto". E, mais perto de nós ainda, com Mishima, sinal dos tempos talvez, o sexo dá o tom, fracassando em criar obstáculo ao fatal deslizamento e conseguindo apenas erotizar a morte real.

A erotização da pulsão de morte abre aqui a via para a perversão propriamente dita, de que ela constitui a forma primária. Com efeito, ela torna possível essa transmutação do horror inspirado pela castração num gozo que dele representa o mais perfeito desmentido. O que um tal triunfo comporta de desafio caracteriza a perversão.

O filho encontra, com a Lei paterna, os interditos que pretendem exigir dele a renúncia ao exercício de uma sexualidade à qual, no entanto, ele deve a sua salvação. A ameaça de morte, no cerne do vínculo com a mãe, vê-se de hábito comutada pelo pai em perigo de castração. Ganha-se aí arriscando a partida sem comprometer tudo. Mas, ao nascer, precisar ter ficado sem pai para enfrentar sozinho com seu sexo as ameaças oceânicas do amor de uma mãe, como de seu desamor aliás (aqui, é igual), dispõe pouco a sofrer o jugo de qualquer autoridade. A Lei é uma aliança que se baseia numa troca: proteção por fidelidade. A falta da primeira legitimará a recusa da outra. Assim, o desmentido, que Freud situava no princípio da perversão, designava, no tempo da cavalaria, a recusa de se reconhecer dependente de um senhor. Daí essa liberdade de comportamento, esse lado cavaleiro solitário, essa aversão marcada pela vida gregária e por todos os conformismos, partilhados por Gide, Genet e Mishima.

Basta reler *A volta da U.R.S.S.* de Gide, que entrou com tanta freqüência, e sozinho, numa luta obstinada – em particular após ter sido testemunha, no Congo, dos crimes coloniais – contra os poderes mais bem instituídos. Genet, lembremos, esteve ao lado dos Black Panthers e dos palestinos, que eram órfãos, como ele, de terra natal. Mishima, para denunciar a traição do imperador, foi até esta "censura" radical que é, no Japão, o suicídio.

Hoje costuma-se qualificar de "perverso" os canalhas comuns que tiram proveito de manipulações por onde o desejo se vê aviltado e traído. Denunciemos a confusão: os perversos em política não são aqueles que pensamos. Gide, Genet, Mishima, estes, não eram canalhas, mas rebeldes.

Recusar a Lei paterna comporta opor um desmentido à ameaça que lhe dá seu peso. A antiga estratégia pela qual Eros garantira para si algum império sobre as trevas é então renovada. Sobre o fundo do masoquismo primitivo instala-se um "quem-perde-ganha" generalizado. Mal surge, a marca da negação se inverte e se positiva: não existe denegação mais eficaz da castração que essa inversão pela qual ela logo significa seu contrário. É por aí que se entra no campo da perversão, cuja lei é essa báscula. Uma exigência, com efeito, se esforça, portanto, em reiterar esse movimento sempre que emerge o sinal de uma falta. Não que essa inversão seja deliberada; ela se faz por si mesma, quase sempre à revelia daquele que dela é o teatro. A falta, o luto tornam-se simplesmente impossíveis: sempre, a perda se transcende em gozo. Infernal triunfo. O diabo, para Gide, representará essa figura de uma impossível negatividade: quanto mais o negamos, mais lhe damos realidade, pois ele se afirma, diz ele, em nossa própria negação. Em suma, o diabo simboliza o poderio da linguagem, essa mesma de que a perversão se apossa. Nos três encontramos essa alquímica transmutação do negativo, ilustrada exemplarmente pela própria vida deles, que se assemelha a alguma *success story* subvertida. Gide, danado agraciado, como todo bom protestante aliás, subornador de meninos transformado em glória nacional; Genet, condenado agraciado, ex-presidiário salvo da "relegação" por suas obras pornográficas. Mishima, por sua vez, quis que o golpe de misericórdia coroasse uma morte que, há muito tempo, assumira para ele o rosto do gozo supremo.

Essa báscula, pela qual o negativo se positiva sem cessar, supõe uma binaridade, uma lei do tudo ou nada, do preto e do branco, que conduz a essa "polarização" evocada por Genet e que encontramos, nos três, com uma impressionante semelhança. Todo movimento do pensamento, ou do desejo, neles se desdobra, se difrata conforme uma bipolaridade que conjuga termos extremos, a um só tempo opostos e complementares.

Para Gide, os dois pólos de sua vida foram encarnados pelo "anjo" que ele quis ver em Madeleine, sua prima, sua esposa, o objeto de seu amor, e, no outro extremo, pelos jovens "marginais" para quem o levava seu desejo. Para Genet, a tensão da corda esticada do funâmbulo foi encarregada de unir a glória e a abjeção. E ele esperava de uma ordem que ele teria querido mais pura e mais dura a exaltação do puro lixo que ele reivindicava ser. Quanto a Mishima, sua polaridade íntima o empurrou sem trégua à clivagem entre as palavras e o corpo.

Nada os atrai a não ser levado ao extremo ("os extremos me tocam", dizia Gide). O que lhes causa horror comum é a mistura, o impuro. Gide,

Genet, Mishima são cátaros, que querem o bem e o mal ao mesmo tempo, em toda a sua pureza: o espírito desencarnado, a carne muda, o amor sem o desejo, o desejo sem o amor, cada termo levado à sua perfeição de ser sem mistura. O que eles recusam é a Encarnação, o Verbo que se faz carne. Nisso, eles de fato são heréticos. Em compensação, querem unir esses pólos contrários fazendo com que se juntem nos extremos, de tanto afastá-los, de levá-los à incandescência da perfeita solidão deles: céu e inferno, exacerbados, vemos que são os mesmos.

O princípio de não-contradição é o equivalente, no campo da lógica, da castração. A união, a fusão (vertente mística) ou a identidade (vertente lógica) dos contrários aqui servem de desabono.

Assim, a posição perversa se exprime a um só tempo numa lógica, liberada do princípio de contradição, numa topologia das superfícies, em que o avesso e o direito afiguram-se idênticos, numa ética que consiste em vencer a falta pelo gozo e numa estética que faz brotar a beleza das bordas do horror.

A demonstração da identidade dos contrários conduz, além disso, a recusar a pertinência da diferença sexual e a colocar em seu lugar o acasalamento de termos cuja oposição não exclui a complementaridade e que só parece estabelecer uma alteridade para logo desmenti-la. Com efeito, a "união" dos sexos talvez seja o protótipo dessa mistura impura que eles combinaram vilipendiar. Nenhum dos três conheceu esse estrago que foi a evidência precoce demais de uma discordância de natureza, ao só lhes fazer ver no amor heterossexual engodo sem esperança? A norma que pretende impor a impossível relação dos sexos só podia, por conseguinte, parecer resultar da hipocrisia pura, até mesmo da impostura, enquanto que a ordem e a lei caíam sob o golpe da suspeita de abrigar o reino de um falso semblante generalizado.

Da polarização resulta uma modificação particular da estrutura do eu [*moi*], que Freud designou pelo termo clivagem. Ali onde, em todas as pessoas, o eu se confunde com a unidade da pessoa, ele aqui se mostra desdobrado. Não mais monocêntrico, mas, como na elipse, em dois focos. Assim, em Gide, segundo suas próprias palavras, o menino que se diverte é duplo do pastor que o entedia. Melhor ainda, pois mais próximo da verdade de suas identificações, eu direi, em homenagem a Pierre Klossowski, que nele se superpõem, como em Roberte, essa noite, conforme uma perturbadora diplopia, a salvacionista e a Pasifaé. Em Genet, em virtude do que ele nomeia traição, passa-se e repassa-se do campo dos policiais ao dos ladrões. Mas, mais essencialmente, seu eu bipolar une o diamante solitário, inatacável, incorruptível, a seu contrário, a podridão, corrompida e corruptora. Quanto a Mishima, os dois focos de seu eu o desmembram entre a cultura e o culturismo, o homem de letras e o Senhor Músculo.

Se o objeto do desejo deles se coloca sob o signo do mesmo, eles, em compensação, como sujeitos, abandonaram toda identidade de si a si, toda pretensão à unicidade. Arruinando a noção de um eu coerente, sua disparidade intra-subjetiva é semelhante à íntima claudicação de suas diferenças. A divisão da personalidade lhes serve de arma aos fins da destituição irônica desse soberano que imagina poder viver como bem lhe entende, ao passo que a excentricidade figura uma outra soberania, a do desejo e de sua singularidade rebelde.

Não estamos, aqui, sob o signo do conflito interior, mas da afirmação polimorfa. Recusando a figura do monoteísmo, servidores de ao menos dois mestres, talvez eles representem a estranha sobrevivência de um politeísmo que não compreendemos mais. Por uma duplicidade que é aqui a expressão da honestidade deles, eles não são pérfidos, mas bífidos, suficientemente falos, decerto, mas sobretudo bicéfalos, tão mitológicos quanto centauros, às vezes tão patéticos quanto o Minotauro.

E se porventura me perguntarem por que me interessei por tão estranhas criaturas, responderei citando Gide: “Se me interesso pelos bezerros de duas cabeças, é porque eles me ajudam a compreender por que os que só têm uma dela se servem tão mal”.

Um híbrido de bacante e de Espírito Santo

"Pois bem! Esta manhã, acho que você está alimentando um monstro, algo inteiramente ridículo e que você nunca poderá desmamar: um híbrido de bacante e do Espírito Santo".

Os falsos moedeiros

"Sou apenas um menininho que se diverte, duplo de um pastor protestante que o entedia".

Diário

Gide foi o vivo desmentido do lugar-comum que quer que não se possa ter tudo: conheceu o amor com sua mulher, as alegrias da paternidade com uma outra, o prazer com os rapazes. "É assustador, cara amiga, como nunca me faltou nada na vida", exclamava ele um dia, tomando como testemunha "A Pequena Senhora", Maria van Rysselberghe[1]. Ele teve a um só tempo o opróbrio e as honras. O próprio escândalo que ele suscitou contribuiu para ressaltar a sua respeitabilidade. Ele, que ostentava gostos que o código penal torna passíveis dos tribunais, nem por isso deixou de se tornar, já bem tarde, objeto de uma veneração quase unânime. À sua morte, *Paris-Match*, este símbolo de todos os conformismos, celebrava pela pluma de Bertrand d'Astorg essa existência em que o desvio soube assumir o rosto da

[1] "Les Cahiers de la Petite Dame", in *Cahiers André Gide*, vol. IV, Gallimard, 1973, p. 68.

sabedoria. Gide teve fortuna, saúde, amizades, honras: "Esses privilégios são de um exercício difícil; a maneira como deles se serviu é bela o bastante para que hoje admiremos essa vida, essa morte: elas parecem um êxito tão pleno que o Sr. Massis deve hoje duvidar se existe uma justiça divina toda ocupada em tornar ignominioso o fim do pecador escandaloso[2]".

O fato de uma sociedade ser levada a prestar homenagem àquele que publicamente desabona seus valores oficiais talvez seja característico de nossa modernidade. Gide seria assim o primeiro de nossos contemporâneos, ele que foi o primeiro a reivindicar o direito a uma sexualidade abertamente fora das normas e que deveu a essa audácia o tamanho de sua fama.

A não ser que seja preciso ver nesse paradoxo a ressurgência de uma antiga ambigüidade que foi, segundo Pierre Klossowski, a dos romanos, que honravam em seus deuses os transgressores de suas leis. O Estado resgataria, assim, "a ordem moral que ele quer fazer reinar, pagando seu tributo à imoralidade dos deuses[3]". Os insubmissos que hoje honramos seriam os herdeiros da "natureza contraditória" dos deuses antigos, fiadores da ordem estabelecida na proporção do desmentido que eles lhe trazem por seus modos.

Seja como for, o prêmio Nobel concedido, em 1947, ao autor de *Corydon* e dos *Falsos moedeiros* saudava oficialmente nele "o emancipador dos espíritos" e o libertador dos modos. Em 1948, Roger Martin du Gard ainda se interrogava sobre a inércia social que dera livre carreira à audácia gideana: "O valor, o poder de irradiação, a importância histórica de um Gide medem-se pela *passividade* dos defensores da moral corrente diante da ousadia de suas idéias e da obstinação que ele aplicou, impunemente, em difundi-las". Em outras palavras, se Gide faz figura de grande homem, ele deve isso à apatia ambiente. "Passividade imprevista, que parece trair uma falta de segurança na reprovação tradicional. Passividade tão surpreendente que acabariam se perguntando se isso não é a manifestação de um fenômeno contemporâneo, provisório ou não[4]...".

---

2 Citado por Claude Martin, *Gide*, Seuil, 1963, p. 198.

3 Pierre Klossowski, *Origines culturelles et mystiques d'un certain comportement des dames romaines*, Fata Morgana, 1986, p. 61.

4 Roger Martin du Gard, *Notes sur André Gide*, in *Œuvres complètes*, vol. II, "Bibliothèque de la Pléiade", Gallimard, 1955, p. 1420.

Quando Gide publicou *Corydon*, trinta anos se haviam passado desde o processo e a prisão de Wilde, que haviam marcado tanto a sua juventude. Mas, sobretudo, a Primeira Guerra Mundial, com seus efeitos de desmoralização, mal acabava de terminar. Freud descreveu, em *Considerações atuais sobre a guerra e sobre a morte*, o desabamento da credibilidade da moral "civilizada" sob o golpe das atrocidades inéditas e do tamanho das destruições. Havia-se assistido a uma verdadeira bancarrota da civilização, falência própria a fazer suspeitar de falsa moeda os valores até então mais respeitados. O desvario precipitou mais de um em busca da salvação na religião. As conversões se multiplicaram, em particular no círculo literário e amigo de Gide, que por sua vez recusou esse refúgio, apesar da ressurgência de tormentos religiosos, das pressões indiscretas de Claudel e de alguns outros. Diante do desencadeamento da morte – e seu *Diário* traz o rastro dos efeitos depressivos que ele sofre ao longo desses anos –, Gide reage através da insurreição de sua sexualidade.

Para apelar contra a morte, existem outros poderes que os da religião ou do sexo? Para Gide, eles assumiram o rosto de seu amor por Madeleine – sua religião privada – e de seu gosto pelos rapazes. Foram estes os dois focos de sua elipse subjetiva, suas duas obsessões, e com certeza as duas únicas saídas que ele encontrou para os impasses mortíferos que sua infância havia encontrado.

Ele tinha vinte e cinco anos quando lhe pareceu sair enfim do "vale da sombra da morte", onde, segundo as suas palavras, até então havia morado[5]. O fato de na idade de doze anos ter perdido o pai está longe de bastar para explicar um domínio fúnebre que não se confunde com o do luto. O desejo de morte, esse desejo primário por que toda infância é atravessada, pois sempre jaz um pouco no coração daqueles que dão a vida como no daquele que a recebeu, costuma encontrar seu contrapeso nos desejos sensuais de que o filho é oriundo e de que é objeto. Se estes vêm a faltar, a ligação de Eros e de Tânatos fracassa, deixando indiretamente a marca de algum defeito vital. Uma primeira e fatídica cisão se opera entre uma exis-

5 *Si le grain ne meurt*, in *Journal 1939-1949, Souvenirs*, "Bibliothèque de la Pléiade", Gallimard, 1954, p. 570.

tência biológica, dominada pela redução do desejo à necessidade, e uma sexualidade desumanizada, trazendo a marca da mortificação.

"É preciso que eu ouse francamente reconhecer, foi minha infância solitária e rabugenta que fez de mim o que sou[6]". Rabugenta se diz de uma planta mal nascida, raquítica e que cresce mal. Dela às vezes se obtêm, nos assegura Gide, que voltou de bom grado a esse tema, as mais belas flores.

Das "infâncias Gide" sabe-se tudo o que se pode saber pelo autor de *Se o grão não morre*, que deixou, além disso, a Jean Delay todos os elementos que permitiam desenrolar-lhe o fio. Uma dupla ascendência protestante, normanda e languedociana, em que Gide quis ver a origem das contradições de sua natureza. Uma mãe de traços ingratos, de ar espantosamente masculinizado, que se casou tarde, por amor no entanto, com um homem discreto cujos sentimentos ela em contrapartida não parece ter despertado. Ele vivia uma doçura entediada ao abrigo de seus trabalhos universitários. O fracasso do encontro amoroso deixou uma suspeita de amargura naquela que escrevia ao filho, pouco antes de morrer: "Teu pai, que *nunca* me fez *a sombra* de um elogio[7]".

A falta de graça é, na criança, o efeito comum da ausência de uma justa acolhida do amor, aquele ao qual o sexo dá a sua cor. As primeiras fotografias de André Gide o mostram antes feio, com uma careta contraindo seus traços. Com o ar ranzinza, ele aparece pateticamente privado das primeiras florações da infância. O narcisismo, da mesma forma que o gosto de viver, é o herdeiro do desejo parental: ele recebe um fundamento precário de suas fraquezas, ao passo que o sexo, se for desligado demais do amor, vê-se forçado a pactuar com a morte. Gide foi assim uma criança "toda cozinhada na sombra[8]". Quando, por volta dos cinqüenta anos, ao fazer o relato de seus primeiros anos, ele se descreve com insistência como privado de luz: "A espessa noite em que minha puerilidade se demorava[9]" – escreve

---

6 *Journal, 1889-1939, Souvenirs*, "Bibliothèque de la Pléiade", Gallimard, 1951, p. 21.

7 *Correspondance avec sa mère*, Gallimard, 1988, p. 631.

8 *Si le grain ne meurt, op. cit.*, p. 430.

9 *Ibid.*, p. 369.

ele –, "o estado larvar em que eu me arrastava[10]", "as trevas em que pacientava a minha infância[11]".

O erotismo masturbatório de Gide, menino, traz exemplarmente a marca das sombras poderosas da morte. Por serem tomadas à condessa de Ségur, as fantasias que o acompanham nem por isso parecem estranhamente atípicas. É Gribouille abandonando-se às águas, tal como um rato morto, e metamorfoseando-se em vegetal. Ou ainda os cacos de uma pilha de pratos deixada por uma empregada bolinada ("o estrago me deixava pasmo[12]"). A erotização fixou-se na perda da forma humana, na decomposição ou no despedaçamento. Se Freud via em Eros o poder de coesão que trabalha em favor da união, aqui, é, ao avesso, do que rompe a unidade, das forças de dissolução que se originam os primeiros gozos. Das vertigens da abnegação moral aos êxtases do abandono pânico à Natureza, passando pelo esquecimento de si nas simpatias instantâneas e na desarticulação da identidade ao sabor das variações do humor, a aspiração em se perder devia ser um dos pólos constantes da subjetividade gideana. A familiaridade com os abismos faz a diferença entre os seres. Gide não deixou de ver na sua uma marca de eleição, o sinal de sua vocação.

Menino, ele várias vezes conheceu o chamado da morte, ao longo de experiências que ele batizou *Schaudern*, com uma palavra tomada a Schopenhauer e que ele devia, mais tarde, associar ao "estado lírico", à embriaguez dionisíaca fonte da inspiração poética, mas que ele primeiro experimentou, com uma incoercível mágoa, como a revelação de uma diferença que o deixava para sempre "não igual aos outros", "separado, foracluído[13]". A primeira foi provocada pelo anúncio da morte de um primo pequeno, a segunda sobreveio pouco depois da morte de seu pai e a terceira quando, no liceu, imaginou um de seus coleguinhas às voltas com as prostitutas da passagem do Havre. Foi, a cada vez, a experiência de uma onda que o submergiu de angústia, como se "abrissem a eclusa particular de não

---

10 *Ibid.*, p. 389.

11 *Ibid.*, p. 438.

12 *Ibid.*, p. 387.

13 *Ibid.*, p. 484.

sei que comum mar interior desconhecido cujas águas se engolfavam desmedidamente em [seu] coração[14]".

Menino carregado pela morte, menino abandonado, pelo desaparecimento do pai, à maré do amor materno, "todo envolvido por esse amor, que doravante se fechava sobre [ele][15]", menino despedaçado pelas cortesãs, como Orfeu pelas mulheres da Trácia: estar entregue à mãe é estar fadado à morte, é estar condenado a permanecer prisioneiro dos invólucros fetais, separado do mundo dos "outros", "igual ao que ainda não nasceu[16]".

Foram necessários pelo menos dois nascimentos, o do amor e o do desejo, para que Gide, como Dionísio nascido duas vezes, se desprendesse dessas trevas pré-natais. Aos quinze anos, apaixonou-se pela prima Madeleine, que para sempre se tornou "o Oriente de sua vida". Aos vinte e cinco anos, descobriu, ao sol de Biskra, seu desejo por rapazes e emergiu enfim, como de uma longa doença, do confinamento masturbatório em que sua sexualidade até ali havia macerado.

Deve-se acrescentar aos seus renascimentos juvenis o de sua maturidade já tardia: o desabrochar que ele conheceu, aos cinqüenta anos, com Marc Allégret, então com dezoito anos de idade, o único ser para quem o levaram a um só tempo o amor e o desejo, após vinte e cinco anos de uma vida clivada entre o amor puro por Madeleine e a promiscuidade homossexual dos encontros anônimos. Seu *Diário* mostra a extraordinária explosão de vitalidade e o equilíbrio que lhe valeu, por longos anos, essa ligação – decisiva, seguramente, em sua determinação de tirar sua homossexualidade da clandestinidade pela publicação de *Corydon* e de *Os falsos moedeiros.*

Foram necessárias algumas intervenções de socorro do destino para libertar dos invólucros originais que o sufocavam a magnífica energia do homem maduro, que tanto espantava seus contemporâneos. O encanto do adolescente, após a desgraça da criança, já mostra que nesse ínterim o desejo assumira, para ele, uma figura mais humana. E, no entanto, a parte mais viva de seu ser, a do sexo, permaneceu por muito tempo marcada pelo selo

---

14 *Ibid.*, p. 439.

15 *Ibid.*, p. 410.

16 *Ibid.*, p. 390.

do clandestino, ao passo que aquela que ele havia devotado ao amor não pôde escapar à mortificação original, a se crer no que Gide confiava a Roger Martin du Gard a respeito do vínculo que o unia a Madeleine: "Ninguém pode suspeitar o que é o amor de um uranista, livre de todas as contingências sexuais: algo tão forte, tão bem preservado, algo de embalsamado contra o qual o tempo não tem mais domínio[17]...". Essa dissociação devia fazer de Gide, por muito tempo, o irmão desses personagens das *Mil e uma noites*, cujo corpo algum malefício dividia numa parte permanecida carnal e viva, ao passo que a outra fora mudada em mármore.

A crer no que diz Lacan[18], que deu sobre a gênese da homossexualidade de Gide uma interpretação de uma perfeita ortodoxia freudiana, a intervenção decisiva, a um só tempo salvadora e pervertedora, foi a de sua tia Mathilde Rondeaux, a mãe de Madeleine, durante uma cena de que *A porta estreita* dá uma versão que, embora pertença à ficção, não mostra menos, para além da questão de sua realidade histórica, a realidade psíquica da sedução sexual exercida sobre Gide menino. Lucile Bucolin, a tia de *A porta estreita*, possui todos os traços de seu modelo: nascida nas colônias, indolente e sensual, a passar seus dias molemente estendida sobre algum sofá, às voltas com o tédio ou com alguma crise nervosa que botava a casa de cabeça para baixo. Ela não escondia muito seu gosto pelos jovens, escandalizando o meio puritano a que pertencia por seu esposo, um homem mais velho que ela, cujo amor infeliz pela infiel confinava com um retiro doloroso. Mathilde, a tia da realidade, acabou fugindo com um de seus amantes, abandonando os filhos e o marido, que não sobreviveu por muito tempo à sua mágoa.

Segundo *A porta estreita*, essa tia tão pitoresca, que parece só ter conhecido a lei de seu capricho, encontrando-se um dia só com o sobrinho, puxou-o contra si e, a pretexto de algum arranjo na roupa, deslizou entre pele e camisa uma mão boba. A cena se passa, significativamente, na frente

17 Citado por Jean Schlumberger, in *Madeleine et André Gide*, Gallimard, Paris, 1956, p. 193.

18 Jacques Lacan, "Jeunesse de Gide ou la lettre et le désir", in *Écrits*, Seuil, 1966, pp. 739-764.

de um espelho onde o menino é convidado a de repente se ver amável por ser enfim desejado. Mas o menino foge, tomado de pânico, para ir lavar freneticamente a imaginária sujeira daquelas bolinações, frenesi que assinala tanto a intensidade de sua emoção quanto o império de uma educação puritana[19].

Num outro, em contexto diferente, uma cena como essa talvez tivesse dado fundamento a uma predileção pelo outro sexo. Aqui, a tentativa de sedução foi narcisicamente fundadora e, como é de se esperar, despertou o desejo, dando à libido do menino figura humana. Mas não sem que ela sofra com isso uma inversão: entre os dois lugares constituintes da cena originária, a subjetividade de Gide rejeitou aquela que fazia dele o objeto do desejo feminino para identificar-se com a sedutora. É em sua tia que Gide se transformou como desejante, e é à imitação do menino que ele foi, naquele dia, que se ofereceram a ele, mais tarde, os objetos de seu desejo. A descoberta, aos vinte e cinco anos, de seus gostos pederastas representa o desenvolvimento, no sentido fotográfico, do instantâneo constituído pela cena com a tia. Durante a tiragem, os valores do claro e do escuro se invertem: aqui, são os lugares que estão intervertidos.

As carícias da bela francesa das colônias permaneceram o modelo de suas emoções sensuais. Bem mais tarde, ele dirá, em seu *Diário*, preferir, à nudez, a roupa que permite à mão "insinuar-se entre carne e roupa[20]". Eco, ainda, daquelas primeiras bolinações, as "martirizantes delícias" experimentadas, no trem de Biskra, ao roçar os braços dos meninos debruçados na janela do compartimento vizinho. Gide, errado segundo Schlumberger, que o acusa de carregar nas tintas para se fazer mais diabólico que o natural, faz remontar o episódio à sua viagem de núpcias[21].

Lacan ressaltou o estilo fêmea do erotismo gideano, seu lado Pasifaé, aberto a todos os ventos do desejo, oferecido às forças pânicas da Natureza que *Os alimentos terrestres* celebravam. Essa feminilidade se exprime sem

---

19 *La Porte étroite*, in *Romans, récits et soties, Œuvres lyriques*, "Bibliothèque de la Pléiade", Gallimard, Paris, 1958, p. 500.

20 *Journal, 1889-1939, op. cit.*, p. 995.

21 Jean Schlumberger, *op. cit.*, pp. 126 sq. e *Et nunc manet in te*, in *Journal 1939-1949, Souvenirs, op. cit.*, p. 1134.

ambigüidade em *Se o grão não morre*, quando Gide evoca sua descoberta da sexualidade durante sua convalescença argelina: "... parecia-me que pela primeira vez eu vivia, saído do vale de sombra da morte, que eu nascia para a verdadeira vida. Sim, eu estava entrando numa existência nova, toda de acolhimento e de abandono. [...] Eu sentia meu coração inativo, soluçando de reconhecimento, fundir em adoração por um Apolo desconhecido. 'Pega-me! Pega-me inteiro, exclamei. Eu te pertenço. Eu te obedeço. Eu me abandono[22]'".

O invólucro letal que ele havia conhecido sob o império do amor materno muda de sinal e torna-se solar, ao passo que as águas não simbolizam mais o engolfamento fatal, mas o nascimento do desejo: "... não era apenas do banho que eu gostava, mas da mitológica espera, em seguida, do envolvimento nu do deus; em meu corpo penetrado de raios, parecia-me experimentar sei lá que benefício químico[23]". A sedução salvadora da bela Mathilde teve por efeito inverter o sentido da fantasia originária de Gribouille, que daí sofre uma mutação decisiva, mostrando o recuo da morte. O lado "cão morto nas águas" do tema de gozo original deu lugar à cena recorrente (dos *Cadernos de André Walter*, até o perturbador "Aquasanta" das *Folhas de outono*) das brincadeiras aquáticas de rapazes, cuja pele morena parece tomar seus reflexos à pele de sua tia das colônias. Despreocupado como ela, Gide se abandona não mais às águas, mas aos prazeres da hora.

Já cinqüentenário, ele podia ficar de olhos fixos no binóculo, a contemplar jovens banhistas, enquanto Roger Martin du Gard tentava ler para ele seu último manuscrito: "Eu lia mal; estava despeitado, furioso; eu sentia a atenção dele inteiramente monopolizada pela visão daqueles dois rapazes nus que brincavam junto às ondas, e dos quais a brisa nos trazia por momentos os risos e os gritos. Ele decerto teria vendido a alma para que o Diabo fizesse cair meu manuscrito no mar e ele pudesse correr rumo ao quebra-mar... Assim que terminei o último ato, ele foi 'esticar as pernas', sem uma palavra sobre a minha peça. Mas, nessa noite, falou-me longamente dela, com uma perfeita clarividência. Ele havia escutado muito bem[24]".

---

22 *Si le grain ne meurt, op. cit.*, p. 570.

23 *Ibid.*, p. 575.

24 Roger Martin du Gard, *op. cit.*, p. 1381.

Se Gide se tornou desejante, a exemplo de sua tia, do rapaz que ele era, os meninos de seu desejo, pela cor da pele, pela despreocupação e pela sensualidade, não são menos o reflexo masculinizado da amável sacripanta. Entretanto, a fantasia às vezes deixa surgir a lembrança da desgraça original de que a tia o havia salvado. Os meninos se oferecem a seu desejo em tropas, em bandos. O encanto deles é feito do fato de não se saber sobre qual se fixar, errando de um a outro ao sabor da agitação lúdica que os torna inapreensíveis. Mas às vezes, no meio do grupo agitado, um deles, por seu retraimento, seu lado "à parte", se distingue. Mais fraco, frágil, até mesmo enfermo, ele se torna o eleito, o amado[25]. Saído do lote graças à tara que o isola, esse menino adquire a dignidade do fetiche, dignidade que sua própria enfermidade lhe confere. Com efeito, erigido no lugar do falo materno faltante, o fetiche traz a marca da castração que ele cobre. Assim, em *O imoralista*, uma das figuras encantadoras sobre as quais se fixa o desejo do narrador usa "um pobre fez que tem apenas um buraco no lugar da glande[26]". O autor não parece ter percebido o cômico em que cai aqui o equívoco.

Muito mais tarde, num de seus *Folhetos de outono*, Gide devia contar o perturbador encontro que teve, nos banhos sulfurosos de Aquasanta, com um jovem rapaz que, dia após dia, se esquivava tanto à sua perseguição, pela agilidade de seu nado, quanto a seus olhares, graças à opacidade da água. No entanto, veio o momento em que o menino deixou-se ir em seus braços, mas pesava tão pouco que Gide se espantou. "Primeiro, não me inquietei, pensando que ele devia seu pouco peso apenas ao velho princípio de Arquimedes. Minhas mãos ainda se demoravam em apalpar seu torso; ah! que meu coração emborcou quando meu carinho, descendo, descobriu que a perna esquerda dele terminava no início da coxa: o gracioso membro sobre o qual minha mão se aprestava amorosamente a deslizar era apenas um cotoco". Diante da pavorosa descoberta, Gide escondeu seu estupor e esforçou-se para não deixar transparecer uma compaixão que teria lembrado ao menino sua desgraça. "Mas que ainda fosse possível se apaixonar por sua beleza, por sua graça, que ele pudesse despertar, apesar de tudo, a cobi-

[25] Cf. Jean Delay, *La Jeunesse d'André Gide*, vol. II, Gallimard, 1957, pp. 483-484.

[26] *L'Immoraliste*, in *Romans, op. cit.*, p. 382.

ça, eis que lhe abria um novo céu, reconciliando-o consigo mesmo. Não, Bernardino, não foi piedade que te ofereci, mas ardor[27]". Gide conhecia isso da infância: mais que o amor que protege, é o desejo que salva.

Mas o desejo também é o que mata. A mágoa causada pela bela infiel devia levar o pai de Madeleine. Essa morte fez, para Gide, eco à morte de seu próprio pai, de que ele pudera se atribuir uma parte de responsabilidade, a se crer na análise, em *Os falsos moedeiros*[28], da doença nervosa do jovem Boris. Não havia ele mergulhado o pai na aflição por sua expulsão da Escola Alsaciana e, sobretudo, pelo motivo desta: ele fora surpreendido dando-se prazer no fundo da sala[29]. Que fosse o embrutecimento que ele tem prazer em descrever como caracterizando o estado de seu espírito de então, ou simples inocência, é manifesto que a Lei ainda não havia feito dele um pecador. Ora, seu pai não ficou com raiva, não puniu e, como, mais tarde, o pai de Madeleine, manifestou apenas uma "mágoa silenciosa". O jovem Gide, no entanto, foi enviado a Brouardel, sumidade médica delegada a proferir a ameaça de uso nessas circunstâncias: "Vamos cortá-lo, se você continuar". Havia, na parede do consultório, armas bárbaras, de natureza, esperava-se, a tornar a coisa credível. André não acreditou em nada e não ficou muito impressionado. Mas o pai morreu pouco depois. Para o menino como para o selvagem, a morte nunca é resultado do acaso: para isso é preciso um culpado, e esse culpado encontrou seu castigo no que ele supôs a conseqüência de seu crime. A Lei, que essa infelicidade o obrigou a reconhecer, apertou, aqui, o nó do erotismo e da morte.

O tio Charles Gide, irmão de seu defunto pai, devia a isso acrescentar mais tarde sua parte, quando censurou o sobrinho a respeito de sua primeira tentativa heterossexual – que devia por muito tempo permanecer a única – com Meryem, a Oulad Nail de Biskra. Não lhe ocorreu nada menos que comparar ao parricídio de Lady Macbeth a perda de sua virgindade com a pequena prostituta.

Quando aconteceu a tentativa de sedução da tia Mathilde, certamente posterior à morte de seu pai, o menino teve de rechaçar uma sensualida-

---

[27] *Feuillets d'automne*, in *Journal 1939-1949*, *Souvenirs*, *op. cit.*, p. 1111.

[28] *Les Faux-Monnayeurs*, in *Roman*, *op. cit.*, pp. 1098-1099.

[29] *Si le grain ne meurt*, *op. cit.*, pp. 390-391.

de já marcada demais por um selo fatal. O que não basta, no entanto, para explicar que esse desejo, quando voltou, se apresentasse de um modo invertido, comportando a identificação com a mulher. Para isso era preciso que algum obstáculo a isso se acrescentasse, entravando a adoção normal de uma identidade viril.

As duas figuras masculinas maiores da infância de Gide tinham traços que não se prestavam muito à identificação pela qual a criança antecipa o exercício de seu poder futuro. Chamados por sua posição paterna a garantir uma Lei, longe de castigar os culpados, eles aparecem como vítimas deles e, além de tudo, eram eles que sucumbiam. Por outro lado, os culpados e as mulheres sobreviviam. A morte não é a impotência maior? Ora, a criança, macho ou fêmea, se identifica com aquele que, homem ou mulher, possui o poder, e ela adota o desejo dele. Mas os homens que marcaram a infância de Gide haviam muito pouco, desse lado, dado prova de muitos ardores. O pai de André, a se crer na confissão recolhida por um carnê[30], nunca amara a mulher nem conhecera o amor com outra, ao passo que seu tio Henri Rondeaux, por mais apaixonado que fosse da sua, não soubera nem se fazer valer junto dela nem por ela fazer-se respeitar.

Aqui, poder e desejo estavam do lado do feminino e do ilegítimo, do culpado e do clandestino e não, como teria sido desejável, ligados ao exercício de um bom direito. Significando morte e castração para o homem, o desejo do outro feminino só podia ser recalcado pelo menino, ameaçado em seu sexo e que, além disso, partilhava com a mulher a culpa de um parricídio[31].

Tendo um tão funesto início, a sexualidade de André Gide poderia ter sucumbido. Disso escapou graças ao esforço que, no caso, consistiu em encontrar a saída da perversão. De fato, o pequeno pecador não devia cair por inteiro sob o golpe da Lei, graças a uma esperteza que lhe permitiu instalar os dois quadros sobre os quais ele jogaria, doravante, ganhando sempre.

A virada decisiva correspondeu à instalação em Montpellier de André Gide e de sua mãe, pouco depois da morte do pai. Desamparada, a mãe

---

[30] Jean Delay, *La Jeunesse d'André Gide*, vol. I, Gallimard, 1956, p. 81.

[31] Jean Delay, *La Jeunesse d'André Gide*, vol. II, *op. cit.*, pp. 442-443.

procurou, com efeito, um apoio no irmão do defunto, o tio Charles Gide, que lá morava, e ao qual foi dado o encargo de exercer, com o órfão, a autoridade paterna. A infelicidade fez que a estada no liceu logo se transformasse para André em inferno cotidiano, após um incidente em si mesmo revelador. Era costume, entre os colegiais, que o exercício de recitação fosse a oportunidade de um massacre ritual no qual a comunidade adolescente encontrava o sinal de adesão de sua virilidade nascente. Não podendo resolver-se à triste execução que o conformismo dele exigia, Gide infringiu a regra tácita. Recitou como sabia fazer e, a partir desse dia, tornou-se o bode expiatório da sala. Acossado, perseguido, espancado nas ruas de Montpellier, ele voltava para casa ensangüentado, para desolação de sua mãe. A varíola o salvou *in extremis* de seus perseguidores, dentre os quais o mais temível, "um certo Gomez ou Lopez", continuou por muito tempo a habitar seus sonhos. Era outra coisa que Brouardel e suas lanças tuaregues: com Gomez, Gide havia encontrado seu castrador. Não havia dúvida, o perigo era, ali, real.

Por isso a cura veio fazer renascer a angústia, e Gide logo teve a inspiração de recorrer à simulação para escapar ao prazo fatal de volta à sala de aula. Vertigens, desmaios, movimentos "descontrolados", tremores, pulos, coices: as autoridades médicas devidamente convocadas deixaram-se embromar, não sem inquietar, no entanto, André pela seriedade que puseram em considerar seu "caso". Ele teve vagamente a intuição de que toda simulação é ambígua: "Acreditando enganá-los, devo estar enganando a mim mesmo". Foi-lhe prescrita uma cura em Lamalou. O olhar malicioso de uma das sumidades, algum sinal sub-repticiamente dirigido aos confrades, e que o menino surpreendeu, fizeram com que temesse que o outro buscava desmascará-lo. "'Com o velhinho aí, se ele me acompanhar a Lamalou, vai ser preciso tomar cuidado', pensei, e, sem dar a perceber, servi-lhe algumas caretas suplementares[32]...".

O tio Charles, por sua vez, manifestou a mais perfeita indiferença às contorções do sobrinho, o qual lhe devotou, a partir desse momento, um ódio determinado. É verdade que reconheceu, mais tarde, tanto a sua incapacidade de "dirigir alguém" quanto a sua falta de amor pelo sobrinho crian-

[32] *Si le grain ne meurt*, *op. cit.*, p. 426.

ça[33]. De fato, o depositário da autoridade paterna não achou necessário exercê-la, nessa oportunidade, para mandar de volta o sobrinho ao liceu. Assim, André e a mãe levaram uma existência errante – modelo de nomadismo ulterior –, fora de todo contexto escolar, entre as curas termais e a Normandia, Paris e a Côte d'Azur. André Gide havia ganhado. Tudo se dobrava à sua "saúde" que, doravante, fazia lei, qualquer outra autoridade tendo sido destituída, ao mesmo tempo que rejeitada a ameaça que a dura realidade fazia pesar sobre ele.

Por um subterfúgio, isto é, um "meio indireto e artificioso de safar-se de dificuldades", mas também, como lembra Jean Delay, um meio clandestino (*subterfugere*: fugir por baixo)[34], Gide acabava, pela primeira vez, de tergiversar com a realidade, no ponto crucial em que ela confronta com a castração e a Lei, agravando assim, sem saber, sua relação mais íntima com o próprio sentimento da existência, como mostram várias passagens de sua obra.

Assim, rapaz ainda, confessa ele, em seu *Diário*, que não consegue "nunca [se] persuadir por inteiro da existência de certas coisas[35]". Uma bomba que explode no Théâtre-Français, quando ele estava nas vizinhanças, é para ele a oportunidade de "constatar [em si] a dificuldade de levar a sério o acontecimento". "Não me parecia que fosse vida de verdade[36]". Aos cinqüenta anos, ele declara de modo ainda mais radical: "O que eu não tenho é o *sentimento da realidade*[37]". Notaremos que a realidade se põe a "flutuar", a "desconsistir" precisamente nos momentos em que se mostra francamente desagradável. Ele voltará a isso, ainda, em sua última obra, *Assim seja*, a respeito de sua ausência de medo diante da morte, ilustrada por alguns relatos de agressões às quais escapou: "Tomo interesse, às vezes pretendo até tomar parte 'no que acontece'; mas, para falar a verdade, te-

---

33 Jean Delay, *La Jeunesse d'André Gide*, vol. II, *op. cit.*, p. 441.

34 Jean Delay, *La Jeunesse d'André Gide*, vol. I, *op. cit.*, p. 282.

35 *Journal, 1889-1939, op. cit.*, p. 20.

36 *Ibid.*, p. 163.

37 *Ibid.*, p. 801.

nho mesmo que confessar: não consigo realmente acreditar nisso [...] eu não colo, nunca pude *colar* perfeitamente à realidade. Nem há, propriamente falando, desdobramento que faça que, em mim, alguém permaneça espectador daquele que age. Não: é aquele mesmo que age, ou que sofre, que não se leva a sério. Acho até que, na hora de morrer, pensarei: olha só! ele está morrendo. Então a miséria à volta pode vir, cada vez mais perto, assediar a minha porta: estou tão emocionado com ela quanto é possível estar (e às vezes, até, às vezes, creio, mais que se se tratasse de mim) e dela me ocupo e me preocupo, mas isso não toma lugar nas coisas reais. Acho que é preciso ligar essa deficiência (pois é evidente que é uma) ao que eu dizia mais acima: a do sentimento do *tempo*. O que quer que me aconteça ou que aconteça a outro, coloco-o imediatamente no passado[38]". No passado, evidentemente, nada mais pode nos acontecer.

Mas é em *Os subterrâneos do Vaticano* que Gide traz uma luz decisiva sobre esses fenômenos de desrealização. Lembremos a intriga. Um escroque faz crer a algumas almas piedosas, ingênuas tanto quanto ricas, que o papa foi seqüestrado pelos maçons e substituído por um falso papa. Uma cruzada pela libertação do verdadeiro papa é organizada e pede fundos. Personagem rocambolesco, ao qual a ironia de Gide empresta alguns dos traços de sua própria biografia (e não dos mínimos: como Gide, ele contraiu um casamento branco com a filha de um homem corneado pela esposa), Amédée Fleurissoire sente-se investido da missão de salvar o papa e parte para Roma. Ele começa por lá se fazer desvirginar por uma prostituta (como Gide). Um feio tumor aparece e faz com que ele tema o castigo por esse ato de depravação. Sob o golpe dessa ameaça, a realidade, já fortemente abalada pela "revelação" segundo a qual o trono pontifical estava ocupado por um impostor, põe-se a vacilar por inteiro: "Eis aí, pensava ele, a um só tempo a conseqüência e a prova desse vício inicial, desse tropeço da Santa Sé: todo o resto ao mesmo tempo virava. Em quem confiar, senão no papa? E, mal essa pedra angular, sobre a qual colocava a Igreja, cedia, nada merecia mais ser verdadeiro[39]".

---

[38] *Ainsi soit-il*, in *Journal* 1939-1949, *Souvenirs*, *op. cit.*, pp. 1226-1227.

[39] *Les Caves du Vatican*, in *Romans*, *op. cit.*, p. 809.

Não se pode dizer melhor que a função paterna é o que sustenta o edifício da realidade: basta ela fraquejar, e o verdadeiro e o falso se misturam, tudo cai na aparência. Amédée "avançava como em sonho, duvidando da solidez do solo, dos muros e da séria existência dos passantes com que ele cruzava". Uma carta de sua terna esposa o arranca do pesadelo: ele se convence de que só há um papa, "um papa e isso bastava". Assim, tudo retoma o seu lugar: "Ele retomava enfim confiança, ao passo que tudo, em torno dele, retomava peso tranqüilizante, medida, posição natural e verossímil realidade[40]".

A pretexto das desavenças de Amédée Fleurissoire com os avatares do papado, André Gide nos dá as chaves de sua própria relação com o pai. Por um lado, ele teve um pai que ele reconheceu como tal. Por mais fraco que este tenha sido em sua relação com o desejo, por mais inapto que ele se tenha mostrado em punir o filho, ele havia dado, por sua morte, uma sanção ao erro e consagrado, ao mesmo tempo, a existência da Lei. Por outro lado, a fidelidade ao pai morto serviu de álibi ao desabono do pai de substituição que sua mãe pretendeu lhe impor, assim como à rejeição de toda autoridade. "Não haver mais papa é terrível, Senhora. Mas não seja por isso: um falso papa é mais terrível ainda [...] a Loja instalou no trono pontifical, no lugar de Leão XIII, não sei qual agente do Quirinal, qual manequim à imitação da santa vítima deles, qual impostor, ao qual, por temor de prejudicar o verdadeiro, temos de fingir nos submeter[41]...".

Contrariamente ao que Jean Delay sugere ("Ele retira seu gládio dessa senhora justiça e falsifica os pratos da balança neles jogando o peso de uma tara[42]"), a doença simulada não serviu tanto para desarmar a severidade materna quanto para subtrair-se a uma autoridade paterna que ele quis considerar usurpada. É verdade que, matando dois coelhos de uma só cajadada, ele pôde, assim, opor, com sucesso, a tirania de seus estados valetudinários à coerção materna. Nada vinha mais frear de fora seus dois

---

[40] *Ibid.*, p. 811.

[41] *Ibid.*, p. 751.

[42] Jean Delay, *La Jeunesse d'André Gide*, vol. I, p. 284.

despotismos deixados face a face, despotismos cujas desavenças só os caprichos da "saúde" de André doravante resolviam.

"Pai Nosso que estais nos céus, ficai aí": a reverência devida ao pai e à sua Lei estava paga, mas, recusando reconhecer a transferência, a seu tio, do poder paterno, o menino subtraía sua conduta a toda jurisdição. Destituído o tio, só subsistia um simulacro de autoridade, a do corpo médico, de bom grado ridicularizado e facilmente desviado para a extravagante terapêutica à qual foi preciso, no entanto, conceder seu tributo de submissão.

Aos abalos nervosos logo se acrescentaram, após uma breve tentativa de retomada de uma escolaridade normal na Escola Alsaciana, dores de cabeça, anorexia e insônia. A "simulação" dava lugar à neurose caracterizada. Brometo e cloral em alta dose, passando pelas ataduras ortopédicas, pelas prescrições médicas, conjugando o nocivo ao grotesco, se acrescentavam ao embrutecimento em que a infância de Gide se demorava, sem que a lei nem a graça tivessem conseguido arrancá-lo dessas trevas. "Decididamente, o diabo me espreitava; eu estava sendo todo cozinhado pela sombra, e nada deixava pressentir por onde pudesse me tocar um raio. Foi então que sobreveio a angélica intervenção que vou contar, para disputar-me com o maligno[43]".

A rua de Lecas, em Rouen, onde ficava a casa das primas, da mãe delas e do tio Rondeaux, foi o teatro dessa intervenção salvadora. O episódio na verdade guarda um duplo fundo, pois comporta a lembrança, sob forma de ensaio com outros atores, da cena de sedução pela tia, ao passo que a cena com Madeleine, de valência inversa, vem duplicar a precedente e trazer-lhe um exato contrapeso. Se a primeira havia derramado na alma do menino o veneno salvador do desejo, a segunda dele devia representar o perfeito antídoto.

Entre duas curas, André e sua mãe voltavam de vez em quando a Rouen, junto à família materna. Gide passava seus dias na casa das primas. Uma noite lá voltou inesperadamente, atraído pela sulfurosa Mathilde e por algum surdo rumor de escândalo latente. "Naquela noite meu gosto

---

43 *Si le grain ne meurt, op. cit.*, p. 430.

pelo clandestino foi servido[44]". Como em *O diabo coxo* de Lesage, os três andares da casa da rua de Lecas deram, de um golpe, todos os elementos de uma tragédia familiar cujo desvelamento foi, para o rapaz, como um repentino acesso à árvore do conhecimento do bem e do mal e marcou a saída dos limbos em que ele ainda permanecia.

No primeiro andar, ficava o escritório do tio Émile, que nele se fechava o dia inteiro e de lá saía sempre um pouco mais envelhecido pela mágoa. No segundo andar, encontrava-se o quarto da esposa infiel. Gide deu duas versões da cena que ele então entreviu. Na versão autobiográfica de *Se o grão não morre*, Mathilde estendida sobre um sofá espera seu amante, em companhia de suas duas filhas mais novas. Em *A porta estreita*, um jovem está a seus pés e zomba, diante das crianças, do patronímico do esposo traído. No terceiro andar, o dos quartos dos filhos, André descobriu Madeleine de joelhos e aos prantos.

"Aquele instante decidiu a minha vida". Sua "vocação" lhe é, então, bruscamente revelada: proteger aquela criança de um desejo cujos efeitos devastadores ele vê, desse desejo mesmo de que ele ainda não sabe que já o fez seu. "... Mas eu sentia que, naquele pequeno ser que eu já queria, habitava um grande, um intolerável desamparo, uma mágoa tal que eu não poderia com todo o meu amor, com toda a minha vida dele curá-la[45]". Uma vertigem o tomou, ele não aspira mais senão esquecer-se ele mesmo, perder-se num único cuidado de reparação. "Ébrio de amor, de piedade, de uma indistinta mistura de entusiasmo, de abnegação, de virtude, eu apelava a Deus com todas as minhas forças e me oferecia, não concebendo mais outro objetivo para minha vida senão proteger aquela criança contra o medo, contra o mal, contra a vida[46]". Diante da prima de quinze anos, André Gide, que tem treze, faz sua a abnegação de sua própria mãe, seu esquecimento de si, e reproduz o envolvimento de seu amor: identificado à mãe, ele doravante gosta em Madeleine de um outro ele mesmo, ameaçado pelo desejo culpado de uma outra mãe, indigna.

---

44 *Ibid.*, p. 432.

45 *Ibid.*, p. 434.

46 *La Porte étroite*, *op. cit.*, p. 504.

Dividido entre o segundo e o terceiro andar, ele naquela noite erigiu a cruz de Santo André de seu desejo e de seu amor, os dois eixos que deviam doravante constituir o fundamento de sua subjetividade. Cada um desses eixos comporta dois pólos, constituídos por uma figura materna e seu complemento de objeto infantil. Um desses eixos é formado pela identificação primária de Gide com sua mãe, a primeira dentre aquelas "admiráveis figuras de mulheres[47]" que sua infância conheceu, modelos de rigor moral e de abnegação, e, no outro pólo, pela imagem do filho que ele foi para ela, débil, frágil de corpo e alma, objeto do amor que pretende proteger "contra o mal, contra a vida". O eixo segundo corresponde à identificação inconsciente com Mathilde, a "mulher de vida ruim", a mãe indigna, identificação pela qual o filho fez seu o desejo de que ele um dia fora objeto, e que lhe havia dado essa graça que, adulto, ele devia querer nos "jovens marginais", cujo natural ele invejava. Se ele foi originariamente o filho tomado na sombra tutelar do amor, não fora ele também um "marginal" ("contra a tentação, não valho nada", declarou ele um dia), o pequeno masturbador impenitente que desesperou seu pai? Gide devia assim ocupar, sucessivamente, os quatro lugares dessa dupla polaridade que resulta de um desdobramento do casal Ideal do Eu-Eu ideal em duas versões, uma "positiva" e outra "negativa", uma "angélica" e a outra "demoníaca", desdobramento que corresponde ao que Freud designa pela expressão "clivagem do eu[48]".

Gide foi o sedutor, o subornador de crianças, aquele por quem chega o escândalo. Mas, por seu desprezo pelo conforto, por sua exigência de rigor, seu desinteresse, por todas as qualidades de alma que ele pôs em seu trabalho de escritor, ele tomou a mãe como modelo, mãe que ele não cessou de admirar e à qual, rapaz, ele só resistia para solicitar a todo instante seus conselhos. E se inconscientemente se identificava com ela ao devotar sua vida a Madeleine, era ela, ainda, quem o inspirava até na vocação de pedagogo que ele reivindicava em relação aos jovens. Por isso é que devia

---

47 *Et nunc manet in te, op. cit.*, p. 1128.

48 Sigmund Freud, "Le fétichisme", in *La Vie sexuelle*, PUF, 1969, pp. 133-138, e "Le clivage du moi dans le processus de défense", in *Résultats, idées, problèmes*, vol. II, PUF, 1985, pp. 283-287.

sempre defender-se com indignação contra a acusação de corromper a juventude, invocando a ação "moralizadora" que ele achava exercer. "Perverter a juventude!", exclamava ele junto a Roger Martin du Gard. "Como se a iniciação à volúpia fosse, em si, um ato de perversão! Costuma ser bem o contrário! [...] Acredite em mim, meu caro! Posso me fazer essa justiça: sobre os jovens que vieram a mim, minha influência sempre foi útil e salubre. Sim, não é um paradoxo, meu papel sempre foi *moralizador*[49]". E poderíamos encontrar algum reflexo da atitude materna no domínio inquisitorial que ele mais tarde fez pesar, a se crer nos "Cadernos da Pequena Senhora", sobre Marc Allégret.

Quanto a Madeleine, ele se ofereceu para ser a mãe tutelar, todo-poderosa em abrigar vida. Mas também quis ser para ela a imagem daquele que lhe abrira as portas do desejo. Desde a adolescência, ele a arrastava atrás de si nos labirintos da biblioteca. Quando com ela se casou, desejava que ela estivesse em todas as suas viagens. Ele acreditava poder libertá-la do medo da vida em que a havia mergulhado a má conduta materna. "Quando pedi sua mão, eu olhava menos a mim que a ela; sobretudo, eu estava hipnotizado por aquela ampliação sem fim em que eu desejava arrastá-la atrás de mim, sem me preocupar que ela fosse cheio de perigos, pois eu não admitia que houvesse perigos que meu fervor não conseguisse vencer[50]". Abertura de todas as prisões – pátria, meio social, família –, ruptura de todos os vínculos, supressão de todas as barreiras: ele sonhava com a união de dois filhos pródigos que jamais teriam querido voltar e teriam substituído tudo, dois órfãos, sem filhos, que o casamento branco deixava solteiros.

Infelizmente, Madeleine permaneceu medrosa, e Gide devia mais tarde reconhecer que ele não fora o bastante "de natureza a poder tranqüilizá-la muito[51]". Ele um dia lhe propôs por divisa "*Leo est in via*" e, ainda, "*Latet anguis in herba*". O humor temeroso de sua mulher logo assumiu o aspecto de uma fobia de qualquer movimento, de qualquer mudança. "E, como um nada a contentava e fazia felicidade com poucas coisas, ela tomava por ex-

---

49 Roger Martin du Gard, *Notes sur André Gide*, *op. cit.*, p. 1399.

50 *Si le grain ne meurt*, *op. cit.*, p. 612.

51 *Et nunc manet in te*, *op. cit.*, p. 1127.

cesso tudo o que ultrapassava o comum. O mínimo vento tornava-se borrasca a seus olhos. Para ela, teria sido preciso sempre um tempo calmo; da mesma forma, uma vida sem acontecimento, de curso tranqüilo[52]". De constituição fraca, cedo cansada, ela se tornava, em viagem, um fardo. "Se você um dia se casar", recomendava Gide a Valéry, "case-se com um colosso[53]".

Ela devia se retirar sempre um pouco mais em Cuverville, ao abrigo dos cuidados do casal. Não escrevia ela mesma à mãe de André, no momento em que ainda hesitava em se casar com o primo, que ela só conhecia da vida – e com certeza não queria conhecer muito mais – dois estados de ânimo, "a ansiedade do futuro – a tristeza do lamento de papai – e depois um estado de calma – um estado passivo e doce, como um 'céu de senhorita', nem chuva nem sol. O que chamam a felicidade talvez me assuste, com efeito, pelo que implica de ativo, de vivo e de desconhecido – e depois também porque – ela não pode durar[54]".

Seu temor diante da vida só pôde aumentar quando entendeu que com o primo ela havia desposado aquilo mesmo que lhe inspirara o horror mais definitivo e que ela acreditava ter rejeitado para sempre ao se recusar a toda evocação da indigna fugitiva. Ela não vira que em seu primo se reencarnava o desejo daquela que lhe havia tornado o desejo inaceitável. Com o caráter implacável do destino, que é de se cumprir pelo movimento mesmo que é feito para a ele escapar, casando-se com a prima, André Gide de novo a entregava ao sofrimento de que quisera protegê-la. Assim, ele só podia fracassar em curá-la de seu medo da vida e em livrá-la daquela sombra fúnebre em que ela havia encontrado abrigo, desde a morte de seu pai.

Sua peça, *Perséfone*, exprimiu claramente este último voto, que devia permanecer vão. Deméter, tentando trazer a filha às alegrias da vida e forçar "as portas da morte", envia Mercúrio, seu mensageiro, oferecer à jovem uma romã:

Perséfone confusa
Recusa

---

52 *Et nunc manet in te*, *op. cit.*, pp. 1134-1135.

53 Carta de 12 de janeiro de 1899, citada por Jean Schlumberger, *op. cit.*, p. 174.

54 Citado por Jean Schlumberger, *op. cit.*, p. 97.

Tudo o que a seduz.
Entretanto Mercúrio espera
Que em lembrança de sua mãe
Saberá tentá-la um fruto
[...]
Ele o estende a Perséfone
Que se maravilha e se espanta
De reencontrar em sua noite
Um lembrança da luz
Da terra,
As belas cores do prazer.
Ei-la mais confiante
E risonha
Que se abandona ao desejo [...][55].

Enquanto Perséfone encontrava (como Gide?) a solução de uma dupla fidelidade, dividindo-se entre sua mãe a Terra, simbolizando os desejos e a vida, e seu esposo fúnebre, representando os direitos da "verdade desoladora do luto[56]", Madeleine, por sua vez, recusou o apelo do desejo materno, apesar dos esforços do primo, menos feliz que Mercúrio. Delay e Lacan concordaram em pensar que Gide havia encontrado nela a constelação psíquica mais bem feita para deixar no estado seus próprios impasses.

Madeleine foi, para Gide, o *alter ego*, a criança que era preciso a um só tempo proteger de um desejo que pode matar, isto é, da vida, e arrancar a uma vida sem desejo, isto é, à morte. Dupla missão contraditória, correspondendo aos dois ofícios respectivamente cumpridos junto a ele por sua mãe e sua tia Mathilde. Mas sua prima também era, sob certos aspectos, a representante dessas duas mulheres.

Como Juliette Gide, ela estava do lado do céu, santa mulher não tivesse ela sido protestante, mulher de dever em todo caso, de uma honestidade sem falha, impossível de ser subornada, nunca cedendo em suas

55 *Théâtre*, Gallimard, 1942, p. 318.

56 *Ibid.*, p. 326.

convicções morais. Tendo vivido as resistências que ela lhe opunha há anos, Gide casou-se com a prima pouco depois da morte de sua mãe. Em *Se o grão não morre*, ele reconhece explicitamente que ela então tomou em sua vida o lugar da defunta: "Essa liberdade mesma pela qual, minha mãe viva, eu bramia atordoava-me como o vento do largo, me sufocava, talvez até me desse medo. Eu me sentia, igual ao prisioneiro bruscamente libertado, tomado de vertigem, igual à pipa cuja linha de repente teriam cortado, à barca em ruptura de amarra, ao destroço com o qual o vento e a água vão brincar. Só me restava, para me segurar, meu amor por minha prima; só a minha vontade de desposá-la ainda orientava a minha vida[57]".

Durante muito tempo após a morte das duas, quando ele mesmo chegava a seu fim, ele ainda via "misticamente" fundir-se em sonho o rosto materno e o da esposa: "O papel que uma ou outra desempenha na ação do sonho permanece mais ou menos o mesmo, isto é, um papel de inibição, o que explica ou motiva a substituição[58]". Freud não teria dito melhor.

Madeleine não foi apenas, para o primo, um substituto de sua mãe. Com efeito, ela também era a filha de sua sedutora, parecia com ela. Era a mesma pele mate, o mesmo ar lânguido, deixando esperar alguma ressurgência da sensualidade repudiada da infiel, e que um pouco de seu inferno viesse, um dia, trazer seu toque de enxofre a um céu tão puro. Em *A porta estreita* se encontra evocada por seu pai a perturbadora semelhança de Alissa com sua mãe: "... quando entrei no salão e a vi, como você estava estendida sobre o canapé, um instante acreditei rever a sua mãe[59]". Na mesma noite, Alissa experimenta com o primo sua primeira emoção sensual, como se, nela, a mãe, por ter sido nomeada, revivesse. Mas Gide, instruído por Edgar Poe, não deixava de saber que, ao querer ressuscitar a mãe, ele só podia matar a filha: "Morella, lhe asseguro, é ela", escrevia ele a Valéry[60].

Assim Madeleine foi chamada por Gide para ocupar, sucessivamente, os quatro pólos da configuração subjetiva em que seu próprio eu [*moi*],

---

[57] *Si le grain ne meurt*, *op. cit.*, 612.

[58] *Ainsi soit-il*, *op. cit.*, p. 1213.

[59] *La Porte étroite*, *op. cit.*, p. 585.

[60] Carta a Paul Valéry, de 11 de junho de 1892.

duas vezes, se desdobrava. Objeto do amor que protege, ele a teria querido o do desejo que liberta. Mulher ideal, anjo protetor, para além dela o atraía o reflexo da Putifar de sua infância, ao passo que ele mesmo se situava, a cada vez, no pólo oposto e complementar.

Essa estranha reversibilidade dos papéis, que não faz caso algum da diferença dos sexos, resulta da natureza especular da relação, característica do vínculo primitivo do filho com a mãe. Aqui, o amor logo se faz identificação. Além disso, a relação se institui conforme uma polaridade gramatical em que vêm se introduzir as pulsões, opondo um pólo ativo e um pólo passivo, que induz a um só tempo a reversibilidade dos termos e sua complementaridade: não há deiscência entre o amado e o amante, o desejado e o desejante, o atormentado e o atormentador. Um e outro logo atingem uma completude em que se resolve a oposição gramatical.

Ainda que ele desejasse que se passasse de outro jeito, o casal que Gide formou com Madeleine devia mesmo assim deixar vagos os lugares que sua fantasia destinava ao desejo. Eles eram inaceitáveis por sua prima e esposa: Madeleine não podia ser nem o objeto nem o agente de uma sedução que lhe dava horror. Quanto a Gide, a condição à qual estava submetido o objeto de seu desejo, a saber, de ser falicamente provido, com certeza concordava mal com o sexo do objeto de seu amor. "Não seremos verdadeiros amantes, minha cara", notava ele em seu *Diário*, em 1891, com uma lucidez premonitória. E, se a Ângela de *Paludes* "temia sua volúpia como uma coisa forte demais e que a teria talvez matado[61]", André Walter, por sua vez, exclamava: "Da mesma forma não te desejo. Teu corpo me incomoda e as posses carnais me dão medo[62]". Em sonho, seu abraço descobria apenas um vazio[63].

A estrutura quadripartida de Gide oferece uma perturbadora semelhança com aquela que Freud extraiu, em *Uma lembrança de infância de Leonardo da Vinci*, pondo em relação o célebre quadro do Louvre, representando a Virgem, Santa Ana, o Menino Jesus e o cordeiro, com a história

---

61 *Paludes*, in *Romans*, *op. cit.*, p. 141.

62 *Les Cahiers d'André Walter*, Gallimard, 1952, p. 64.

63 *Ibid.*, p. 178.

infantil do pintor[64]. Aqui também, como no cartão de Londres em que o cordeiro é substituído por São João Batista, encontramos um desdobramento notável da figura materna, que tem seu corolário no desdobramento do objeto infantil. Lacan[65], retomando a análise de Freud, sugere que um tal desdobramento resulta de uma carência paterna que ele tem por função remediar, carência que consistiu em deixar a criança em posição de objeto exclusivo de satisfação de uma mãe sem homem. Freud havia ressaltado os efeitos negativos desse abandono ao gozo materno: um vínculo pleno demais com a mãe teria tido por conseqüência a mortificação (cujo símbolo seria o cordeiro do sacrifício) da sexualidade do pintor, de que só teria subsistido uma atração platônica pelos jovens.

Na falta de um pai que teria rompido os malefícios da relação dual entre a mãe e o filho, é uma outra mulher que é aqui chamada, para além da mãe, à função de terceiro, figurada, na tela de Leonardo, por Santa Ana, a avó materna, ao passo que ela foi encarnada, em sua vida, pela mulher legítima de seu pai. Na falta de uma triangulação que faça intervir o falo no bom lugar e coloque a base da identificação normativa com o pai do mesmo sexo, o sujeito só encontra, para se defender de uma alienação mortal, o repeti-la, desdobrando-a, instalando, para além da mãe, um Outro, ainda que feminino. No seio dessa estrutura em cruz, ele encontra sua salvação numa perpétua mudança de lugar: báscula entre o sujeito e o objeto, simultaneidade ou alternância da identificação com o pólo do amor ou com o do desejo, pólos que formam, em Gide, dois "ideais do eu" de valores opostos.

A incapacidade de Gide de ser "idêntico a si mesmo", da mesma forma que o incrível dom de "simpatia" que o fazia identificar-se, em espelho, com seu interlocutor, qualquer que fosse – a ponto de assumir um sotaque inglês com um inglês –, encontra aqui sua razão. Com efeito, essa estrutura comporta o esquecimento de si na identificação com o Outro ou com o objeto do Outro, ao passo que o desdobramento do Outro em duas figuras contrárias põe perpetuamente o sujeito em oposição consigo mes-

---

64 Sigmund Freud, *Un souvenir d'enfance de Léonard de Vinci*, Gallimard, 1987.

65 Jacques Lacan, Séminaire IV, *La Relation d'objet*, Seuil, 1994, pp. 419-435.

mo. "Nunca sou senão o que acredito que sou" – fará ele Eduardo dizer, em *Os falsos moedeiros* – "e isso varia sem cessar, de modo que com freqüência, se eu não estivesse ali para conviver com eles, meu ser da manhã não reconheceria o da noite. Nada pode ser mais diferente de mim que eu mesmo. É só na solidão que às vezes o substrato me aparece e que alcanço uma certa continuidade profunda; mas, então, parece-me que minha vida fica mais lenta, pára e que vou propriamente cessar de ser. Meu coração só bate por simpatia; vivo apenas por outrem; por procuração, poder-se-ia dizer, por casamento, e nunca me sinto viver mais intensamente senão quando escapo de mim mesmo para me tornar qualquer um. Essa força anti-egoísta de descentralização é tal que volatiliza em mim o sentido da propriedade – e, portanto, da responsabilidade[66]".

Gide se esquece em outrem e desaparece sem ele. Na falta de espelhos, ele cessa de ser, mas arrisca perder-se em seus reflexos. Contra essa ameaça, seu amor por Madeleine lhe serviu de muralha, assegurando-o de uma unidade, "fio de prata" na trança de seus pensamentos. Como diz, ainda Eduardo, "não vejo nada, não ouço nada, sem logo pensar: o que diria ela disso? Abandono minha emoção e só conheço a dela. Parece-me até que se ela não estivesse ali para me precisar minha própria personalidade se perderia em contornos vagos demais; só me junto e só me defino em torno dela[67]".

Não é só o modo especular de sua relação com outrem que expõe Gide à dispersão de seu ser. O desejo, sobretudo, representa para ele uma força dissolvente de toda identidade. O personagem de Saul figurará essa extremidade de um abandono ao desejo que, em razão de sua orientação centrífuga e pluralizante, conduz ao aniquilamento. "Estou completamente suprimido", dirá Saul no fim da peça. Gide declarou ter sido, aqui, inspirado por uma crisálida de esfecídeo, cuja forma ainda indicava com minúcia a borboleta a vir, ao passo que o interior estava inteiramente parasitado por uma "quantidade de pequenos casulos [que] tinham usurpado todo o lugar[68]". *Saul* foi escrito após *Os alimentos terrestres*, que exaltavam "o dom de

---

66 *Les Faux-monnayeurs*, *op. cit.*, p. 987.

67 *Ibid.*, p. 986.

68 *Journal, 1939-1949*, *op. cit.*, p. 233.

perpétuos encontros", as virtudes do acolhimento. "Minha alma era o albergue aberto na encruzilhada", declarava Ménalque. Assim, Gide quis, com *Saul*, dar um aviso a quem tivesse tomado por demais ao pé da letra o evangelho dos *Alimentos*. "Se algum livro meu o desconcerta, releia-o. Sob o veneno aparente, tive cuidado de esconder o antídoto[69]". Gide passará sempre de uma obra a outra, extraindo da primeira o contraveneno que fará a substância da seguinte.

Além de Madeleine, que dava à sua vida sua unidade pelo olhar que ele lhe emprestava para colocá-lo sobre as coisas, o diário que ele escreveu desde a idade de vinte anos teve essa função, para ele essencial, de servir de contrapeso às forças de "descentralização" que o habitavam. "Tenho, por todos os meios, de lutar contra o deslocamento e a dispersão do pensamento", nota ele, em 1906[70]. "Também é por *isso* que me atrelei de novo a este diário". Eduardo dirá dos carnês, que ele sempre carrega consigo, que eles representam o espelho necessário para dar consistência tanto às coisas quanto a seu ser próprio. "Nada do que me advém assume para mim existência real, enquanto eu lá não o tiver visto refletido[71]". "Nada tem para mim existência a não ser *poética* [...] – a começar por mim mesmo –", diz ele em outra parte[72].

O sentimento da identidade e o da realidade, igualmente problemáticos em Gide, afiguram-se estreitamente amarrados. Por falta de uma Lei que ele teria feito sua se o desejo de um pai a tivesse legitimado, sua mãe e sua prima-esposa encarnaram uma exigência sofrida a contragosto, mas que dava seu fundamento à realidade não menos que à sua própria existência. Assim, após a morte de Madeleine, a ele parece não fazer mais senão "semblante de viver". "Ela era a minha realidade[73]", exclama ele. Sem ela, ele mesmo se perde de vista, e, como no dia da morte de sua mãe, lhe vem a imagem de uma pipa cuja linha arrebentou e que mergulha no céu. "Eu

---

69 *Journal*, citado em nota in *Romans*, *op. cit.*, p. 1595.

70 *Journal 1889-1939*, *op. cit.*, p. 227.

71 *Les Faux-Monnayeurs*, *op. cit.*, p. 1057.

72 *Ibid.*, p. 987.

73 *Ainsi soit-il*, *op. cit.*, p. 1164.

havia perdido a testemunha de minha vida, vivi de modo mais negligente", constata ele três anos depois, citando Santo Agostinho[74]. Se seu amor por ela "dividiu sua natureza", se ela foi sempre para ele um entrave, esse incômodo permanente não foi o que deu a seu pensamento sua profundidade, o que havia obtido dele "o melhor[75]"? "Sempre uma mulher se demora... Ela puxa Teseu para trás e faz Orfeu se virar. Ela tem medo". Mas, se Teseu se aventura e se arrisca, é que ele está "garantido pelo fio secreto de uma fidelidade interior[76]".

Entre uma exigência que nega o desejo e um desejo que o expõe ao despedaçamento, entre o ideal ascético encarnado por Madeleine e o ideal naturalista a que sua tia Mathilde havia dado corpo, Gide devia encontrar uma paradoxal estabilidade em sustentar conjuntamente as exigências contraditórias disso. Essa dupla posição subjetiva aparenta a sua estrutura àquela de uma elipse, com seus dois focos, um onde, em Madeleine, ele adora o ídolo ao qual ele dedica seu amor e sua obra, e o outro, onde ele persegue, nos rapazes, a presença do falo que lhes dará valor de fetiche para o desejo da mulher, cujo lugar ele inconscientemente assume. Ocupando simultaneamente esses dois focos, ele traz o desmentido mais perfeito à castração, que quer que escolhamos, quanto ao falo, entre o ser e o ter: Gide o é no objeto de seu amor e o tem nos objetos de seu desejo, que dele possuem, com o órgão, o símbolo[77].

Mas, diferentemente da Lei que comporta um limite, o ideal, este, é insaciável. Duplicá-lo em exigências contrárias não liberta de sua tirania. Nesses dois pólos se abriram para Gide dois golfos, dois tonéis das Danaides, o da escrita e o do sexo, submetendo-o à imperativa necessidade de uma infinita reiteração: correr sem cessar, escrever sem cessar.

A elipse é a figura geométrica que ilustra melhor o que Freud chamou a clivagem do eu [*moi*]. Distinta da divisão subjetiva, característica da

---

74 *Journal, 1939-1949, op. cit.*, p. 127.

75 *Ibid.*, p. 53.

76 *Journal, 1889-1939, op. cit.*, p. 375.

77 Cf. Jacques Lacan, Séminaire VII, *Le Désir et son interprétation*, sessão de 24 de junho de 1959, inédito.

neurose, que é o efeito da rejeição no inconsciente de um desejo irreconciliável com o eu, a clivagem do eu corresponde a seu desdobramento em dois pólos opostos, que permite sustentar o conflito sem renunciar a nenhum de seus termos, mantendo a coexistência dos contrários até pretender, como Gide, dela fazer a base de uma harmonia superior. "Nada se mantém, nada é constante nem seguro em minha vida", escrevia Gide, em 1905, em seu *Diário*. "Sou sucessivamente parecido e diferente; não há criatura tão estranha de que eu não possa jurar me aproximar. Ainda não sei, aos trinta e seis anos, se sou avaro ou pródigo, sóbrio ou glutão... ou antes, sentindo-me de repente levado de um a outro extremo, nesse balanço mesmo eu sinto que a minha fatalidade se cumpre. Por que eu formaria, imitando artificialmente a mim mesmo, a artificial unidade de minha vida? É no movimento que posso encontrar equilíbrio[78]".

O neurótico aspira ao monocentrismo, ele se sonha um, o círculo é para ele a figura ideal, sobre a qual ele pretende modelar seu eu. Sua divisão repudiada no entanto volta a ele sob a forma do sintoma, sentido como a intrusão de uma alteridade incômoda. Na estrutura perversa, à qual Gide traz uma ilustração que tem o valor de um paradigma, o centro se vê abolido por seu desdobramento em dois focos. O eu, por ser dois, deles é definitivamente descentrado, o que a língua, belamente, exprime pelo termo excêntrico.

Por sua dupla personalidade, o sujeito acaba representando, até mesmo pondo em cena sua dupla posição, consistindo em sustentar ao mesmo tempo duas proposições logicamente contraditórias – confissão de um lado, desabono do outro – para com essa chave de abóbada da realidade que é a Lei, de que a castração é o fundamento. Não querer a nada renunciar comporta, com efeito, a pretensão de não conhecer nem a falta nem a perda.

Mas a clivagem do eu não se resume à instauração de uma dualidade do tipo "Doutor Jekyll e Mister Hyde". Ela se manifesta no modo de pensamento como no estilo de vida, e até na própria escrita, pela escolha de figuras de retórica privilegiadas, como a ambigüidade e a ironia tão caras a Gide, ou ainda pelo contraste tão impressionante nele, e que Jean Delay

---

78 *Ibid.*, p. 174.

notava, entre "a liberdade do teor e o rigor da manutenção ", a "pecabilidade do fundo" e a "impecabilidade da forma"[79]. A Pequena Senhora, que foi a outra grande testemunha de Gide, nos dá o levantamento cotidiano das diferentes expressões, em seu amigo, desse modo de ser particular: "Ah! como não posso mostrar tão claramente a atitude de Gide! Em uma meia hora, ele as pegou todas, e as mais contraditórias ao mesmo tempo, e com o mesmo acento de convicção, uma não chegando a tomar vantagem sobre a outra[80]". Ela nota, na oportunidade, não sem irritação, o que, com a idade, assumiu o aspecto de uma lamentável mania: "Essa recusa de escolher o faz, contra toda lógica, querer ocupar duas posições que se excluem (seu lado: 'sempre danço ao mesmo tempo apenas sobre um pé'), parece-me que ele a domina com menos sutileza que antigamente, abolindo simplesmente todos os pequenos subterfúgios necessários; assim é que, outro dia, diante de Martin estupefato, numa mesma frase que começava por uma censura absoluta a todo regime de terror, ele acabava por se declarar resolutamente a favor da ditadura[81]". Em outra parte, ela nota com fineza esse traço tão característico da psicologia gideana, em que transparece sua posição quanto à falta: "Ele ignorava", diz ela, 'sistematicamente a subtração, e só conhecia a adição[82]".

Na anorexia de seus velhos dias, Gide insistiu para que não se fosse ver desespero, mas antes satisfação, em eco, involuntário talvez, em *Os alimentos terrestres*[83], em que ele escrevia: "*Espero*, após ter exprimido sobre esta terra tudo o que aguardava em mim, satisfeito, morrer completamente *desesperado*".

No fim da vida, ele ainda insiste para afirmar que nada lhe falta e que nada, aliás, jamais lhe faltou: "Em suma, a partida que eu estava jogando, eu a ganhei", concluiu ele em sua última obra, *Assim seja*, que a morte

---

[79] Jean Delay, *La Jeunesse d'André Gide*, vol. II, *op. cit.*, p. 673.

[80] "Les Cahiers de la Petite Dame", in *Cahiers André Gide*, vol. VII, Gallimard, 1977, p. 19.

[81] *Ibid.*, p. 117.

[82] *Ibid.*, p. 256.

[83] *Les Nourritures terrestres*, in *Romans, op. cit.*, p. 156.

deixou inacabada. O jogo, todavia, foi duro. Mas a vontade de Gide de não ceder em nada, de não renunciar a nada permaneceu constante. Ele levou até o desafio sua determinação de manter juntas as orientações mais incompatíveis.

Ele já exprimia, em suas relações com sua mãe, do tempo de sua primeira juventude, seu horror pelos compromissos, que supõem as concessões, e seu gosto pela conciliação, que consiste em querer tudo conceder. Perto dos sessenta anos, ele sempre afirmava sua recusa da renúncia, ao mesmo tempo que sua ética de acrobata, sustentando que o desmembramento era mais que compatível com o equilíbrio. "Eu nunca soube renunciar a nada; e protegendo em mim a um só tempo o melhor e o pior, é desmembrado que vivi. Mas como explicar que essa coabitação em mim dos extremos não trouxesse tanta inquietude e sofrimento quanto uma intensificação patética do sentimento da existência, da vida? As tendências mais opostas nunca conseguiram fazer de mim um ser atormentado; mas perplexo – pois o tormento acompanha um estado de que se deseja sair, e eu não desejava escapar ao que punha em vigor todas as virtualidades de meu ser; esse *estado de diálogo*, que, para tantos outros, é mais ou menos intolerável, tornava-se para mim necessário [...] longe de levar à esterilidade, convidava-me, ao contrário, à obra de arte e precedia imediatamente a criação, chegava ao equilíbrio, à harmonia[84]". Em outra parte, é à metáfora do campo magnético que ele pede a justificação de sua posição: "... a fagulha de vida só pode brotar entre dois pólos contrários, e tanto mais bela e grande porque há entre eles mais distância e porque cada um desses pólos permanece carregado de uma mais rica oposição[85]".

O equilíbrio e a harmonia, no entanto, nem sempre vieram ao encontro. Gide usou o tempo de sua adolescência em esgotantes conflitos. "Passei a juventude inteira", escreverá ele mais tarde em seu *Diário*, "pondo em mim duas partes de mim, que talvez não quisessem outra coisa senão se entender. Por amor ao combate, eu imaginava lutas e dividia a minha natu-

[84] *Journal, 1889-1939*, *op. cit.*, pp. 777-778.

[85] *Ibid.*, p. 801.

reza[86]". Seu conflito interior primeiro assumiu o aspecto, clássico na puberdade, de uma luta contra a masturbação, cujo caráter compulsivo se acentuava na medida da energia que ele punha em tentar dela se desfazer. Era esse seu demônio mais antigo, que sempre saía vencedor. A ele se opunham, doravante, não mais apenas a mágoa de um pai, a consternação de uma mãe, mas o amor por Madeleine, a devoção ao ideal que ela encarnava a seus olhos, de uma pureza feita de uma rejeição do mal sem concessão, mesmo assumindo o rosto de sua própria mãe, Mathilde. A pureza desse diamante, por tomar origem em sua dor, era inalterável como ela. André Gide devia, um dia, ter a prova de que ela podia ser implacável. "A um só tempo tão firme e sem defesa", como a descreveu Maria van Rysselberghe[87].

Ela era o anjo, ele tinha seu demônio: os valores extremos dos termos contrastados, branco de um lado, preto do outro, como os dois *Cadernos de André Walter*, indicam que aqui se está em outro lugar que no registro do conflito. O amor deles não devia muito mais colocar-se sob o signo do compromisso. Gide quis essa união como aquela, sem mistura, dos contrários, e foi, *à la* William Blake, o casamento do céu e do inferno. À diferença de muitos outros, isso não faz um purgatório.

Como a impureza nem de leve podia tocar esse anjo, a mulher que ela era permaneceu para ele intocável. O fato de que o desejo e o amor devessem permanecer separados por muito tempo pareceu a Gide de uma evidência inquestionável, a solução exemplar que permitiria escapar aos escolhos ordinários do casamento. "Como o homem apaixonado é mesmo um personagem miserável! Como o prazer é belo sem o amor! Sem desejo, como o amor é nobre!", exclama ele, numa carta a Jacques Copeau, em 1910[88]. Ele estava então casado há quinze anos. Mais tarde, durante a crise que ele conheceu, em 1917, com Madeleine e que lhe abriu os olhos, ele escreveu a Roger Martin du Gard: "O amor que tenho por minha mulher não é comparável a nenhum outro e creio que só um uranista pode dar a uma criatura esse amor total, despojado de qualquer desejo físico, de qual-

---

86 *Ibid.*, p. 42.

87 Jean Schlumberger, *Madeleine et André Gide, op. cit.*, p. 144.

88 *Ibid.*, p. 170.

quer perturbação carnal: o amor integral, em sua pureza sem limites. Quando eu comparava meu casamento com todos esses casamentos perturbados e miseráveis com os quais eu convivia, eu me considerava um privilegiado; eu pensava ter edificado o próprio templo do amor[89]". Não lhe parecia um paradoxo afirmar que o amor "total" fosse o amor sem desejo, que o amor "integral" devesse ser desprovido de qualquer sexualidade. É que, de fato, o sexo, quando é o outro, abre uma brecha na completude que faz a miragem do amor.

Os cadernos de André Walter, seu primeiro livro, devia ser o único, aquele que decidiria Madeleine a se casar com ele e inclinaria em favor desse casamento os familiares mais próximos. Nesse livro, ele descreveu a se fartar as devastações do conflito entre as reivindicações do ideal e as da carne: "... como teria eu compreendido, nesse tempo, que a minha natureza se esquivava à solução mais geralmente admitida, uma vez que meu puritanismo a reprovava. No entanto, o estado de castidade, era forçoso disso persuadir-me, permanecia insidioso e precário; qualquer outra escapatória sendo-me recusada, eu recaía no vício de minha primeira infância e me desesperava de novo sempre que nele recaía. Com muito amor, música, metafísica e poesia, era o tema de meu livro[90]".

Seu herói ficava louco e se suicidava. Livre de seu duplo, o autor ao mesmo tempo se livrou de todo o peso de misticismo e de conflitos interiores de que o havia encarregado. Passando da contenção moral à dissipação, viveu um ano de mundanidades parisienses, depois partiu para a África do Norte, bem decidido a fazer a farra. Despojar-se de um personagem para passar aos antípodas será doravante característico de sua maneira. Com efeito, após *Os cadernos de André Walter*, ele deixou o conflito por um princípio de alternância à qual sua obra devia por muito tempo obedecer, respondendo, disse ele, a uma "diversidade de humor" que o forçava, "tão logo libertado de um livro, a pular à outra extremidade de [si mesmo] (por necessidade de equilíbrio também)[91]". Após *A viagem de Uriano, A tentação*

---

89 *Ibid.*, p. 186.

90 *Si le grain ne meurt, op. cit.*, p. 522.

91 *Ibid.*, p. 526.

amorosa e *Paludes*, em que sua ironia se exercia a respeito do angelismo, vieram *Os alimentos terrestres.*

Nesse ínterim, ele tivera, na Argélia, a revelação – de que *Se o grão não morre* fez o relato trinta anos mais tarde – de sua homossexualidade. A doença, de que ele acreditou morrer, depois a convalescença nos jardins de Biskra, deram-lhe, como um segundo nascimento, uma liberdade nova, a força de despojar as antigas obrigações e uma alegria de viver que ele não conhecia. Ele voltou com um "segredo de ressuscitado". O desvelamento de seu desejo, como o do falo nos mistérios antigos, dá ao relato de *Se o grão não morre* o aspecto de um percurso iniciático e uma incomparável intensidade erótica. Como notava Freud, o poder de Eros talvez só se manifeste sempre de modo mais forte em seus desregramentos. A descoberta do desejo, quando ele está de acordo com as normas, está longe de ser tão perturbadora quanto a revelação do que nos expõe a um destino de pária. O desprezo puritano de todo conforto com certeza deu a Gide a coragem de acolhê-lo.

"Cessando de chamar tentações [seus] desejos[92]", ele cessou de a elas resistir e delas se fez o apologista. *Os alimentos terrestres*, esse manual de evasão, de libertação[93]" que celebrava seu novo nascimento, foi todavia escrito, de acordo com a sua propensão a ocupar simultaneamente os antípodas de seu ser, na época em que ele se casava com a prima: "Eu estava escrevendo esse livro no momento em que, pelo casamento, eu acabava de fixar a minha vida; em que eu voluntariamente alienava uma liberdade que meu livro, obra de arte, logo reivindicava ainda mais. E eu era, ao escrevê-lo, não é preciso dizer, perfeitamente sincero; mas sincero igualmente no desmentido de meu coração[94]".

Escrever responde, para Gide, a um movimento interno de desabono de si mesmo. Por isso é que ele pôde dizer que as pessoas nada entendiam de seus livros enquanto não percebessem que eles eram irônicos, dizendo uma coisa para deixar entender seu contrário, só parecendo tomar tal partido para armar contra ele a crítica. Em Gide, a enunciação e o enunciado sem-

---

92 *Journal, 1889-1939, op. cit.*, p. 44.

93 *Prefácio às Nourritures terrestres*, ed. de 1927, in *Romans, op. cit.*, p. 249.

94 *Ibid.*

pre são contraditórios. *Os alimentos terrestres*, como *Os cadernos de André Walter* e como outros mais tarde, atendiam à necessidade de se representar para se deixar, se libertar de uma parte dele mesmo. "O estado flutuante e disponível que eu retratava, eu fixava seus traços como um romancista fixa os de um herói que a ele se assemelha, mas que ele inventa; e mesmo me parece hoje que, esses traços, eu não os fixava sem desprendê-los de mim, por assim dizer, ou, se preferirem, sem me desligar deles[95]".

Mesmo assim, acontecia de ele viver essa distância como o efeito de uma diferença de fuso no tempo, o livro estando sempre atrasado em relação ao autor, aquele que está escrevendo já não sendo mais o mesmo que aquele que ele descreve. "É enquanto eu vivia *O imoralista* que eu escrevia *Paludes*". E quando, seis anos mais tarde, ele trabalha em *O imoralista*, ele se queixa com Valéry: "Eu o arrasto atrás de mim como uma pele morta, que se agarra ao passado, me retém, me impede de pensar novo e de crescer[96]". Esse desabono do livro sendo feito vai se repetir com *A porta estreita*, que, embora se originasse no outro pólo da subjetividade gideana, não guarda menos ambigüidades que o precedente.

Gide sempre se defendeu de ter-se feito, com *O imoralista*, o apologista de um individualismo mais ou menos nietzscheano, prosseguindo para além do bem e do mal o cumprimento de seus desejos, o que quer que pudessem custar a outro. Numa carta a Henri Ghéon, seu cúmplice, ele zomba da incompreensão do comum conhecimento deles, o pintor Jacques-Émile Blanche, ao qual ele dá esta leitura: "Um jovem e distinto pederasta (sim Senhor!) toma consciência de sua vocação após uma doença. Casado sob seu antigo regime, o novo que ele adota convém menos a seu casamento – e reciprocamente. Como sua mulher o incomoda cada vez mais, ele a suprime lenta e cruelmente, depois se põe à mesa diante do bolo, sorrindo e murmurando: Enfim só! Como você vê, é simples, bobo, mas tão nietzscheano!! Ele me deu o conselho – para que seja mais dramático – de fazê-lo amar um pouco sua mulher, ao menos no início. Sinto que ele crê que, quanto a meu próprio casamento, eu só penso em dar no pé... De resto,

---

95 *Ibid.*

96 Carta a Paul Valéry de 23 de setembro de 1901.

faço tão pouco caso de que conheçam essa parte de minha vida que não faço nem digo nada para impedir que se enganem... e se enganam[97]".

Por isso ficou maravilhado quando a ele chegou de uma jovem mulher, Lucie Delarue-Mardrus, esposa do tradutor das *Mil e uma noites*, o testemunho de que sua mensagem fora recebida: "Vejo bem que Michel não é *O imoralista*, que ele não pode, que nunca poderá sê-lo, porque é, ao contrário, o eterno imoralizado, porque ele pede lições e exemplos a tudo e a todos, até a pobres bobões camponeses normandos; mas que me importa que ele não possa abrir as asas. [...] Acho bom que ele não possa se livrar das redes abomináveis do atavismo, da educação, do hábito. [...] É a reticência que me prende. Michel, se ele se liberar, não me interessa mais. Ele seria para mim apenas um bruto inverossímil. [...] Quero que seja a privação que inebrie Michel[98]". Ele falou de seu entusiasmo a Henri Ghéon: "Carta mais inteligente não receberei. Nem mesmo imagino. Curioso que seja uma mulher".

Com *O imoralista*, Gide se traía, divulgando seus gostos sexuais, embora se abrigasse por trás da muralha da ficção. Dizer a verdade de tal modo que ela passe por falsa é uma maneira de ser verídico e mentiroso a um só tempo, como no célebre paradoxo. Infelizmente, Gide foi descoberto por uma indiscrição de Henri Ghéon, que pôs Jacques-Émile Blanche a par de seus modos pederásticos. Arrasado, ele se lamenta: "Tenho a alma triste, meu amigo", escreve ele a Ghéon, "era tão bom *poder ser sincero sem ser acreditado*![99]". Ele se queixa da perda de um incógnito que ia tornar-lhe a vida "mais difícil". Antes, sua união com Madeleine despistava as suspeitas e o deixava protegido: "Antes, diziam: como você quer que seja possível, você vê bem que esse casamento é unido! – Agora, dizem: como você quer que esse casamento seja unido? Sabemos que..., etc. A incompreensão nos dois casos é perfeita, mas antes ela negava tudo, permitia tudo; agora, ela suspeita de tudo e vai tornar tudo *difícil*[100]". Nos dois casos, notemos, Gide

---

97 Henri Ghéon-André Gide, *Correspondance*, vol. I, Gallimard, 1976, p. 363.

98 *Ibid.*, pp. 439-440.

99 *Ibid.*, p. 461.

100 *Ibid.*, p. 453.

considerava o público iludido por uma incapacidade de imaginar que pudessem ser verdadeiros a um só tempo seu amor por Madeleine e seu gosto por rapazes.

Nessa época, a vida privada de Gide obedecia a uma clivagem perfeita: uma relação harmoniosa e platônica com Madeleine, por um lado, e, por outro, freqüentes e breves aventuras homossexuais. Durante muito tempo prevaleceu a idéia de que o erotismo gideano ter-se-ia contentado com bolinações furtivas e com gozos obtidos em segredo. Ele mesmo, dando margem à reputação de uma sexualidade antes tímida, declarava costumar preferir o desejo insaciado à sua realização. Foi preciso a publicação da correspondência com seu amigo e cúmplice Henri Ghéon, assim como a do *Diário* de Roger Martin du Gard, para que aparecesse uma outra figura da homossexualidade gideana, exigente, até mesmo insaciável. Assim, a se crer no que ele confessou a Roger Martin du Gard durante uma "confissão" no estilo dostoïevskiano, Gide, até os cinqüenta, não podia ficar mais de dois ou três dias sem ir buscar nos lugares propícios os encontros que lhe permitissem a saciação mais imediata de seus desejos. Sabe-se pelas cartas a Ghéon que ele gostava de freqüentar o "banho mouro" da rua Oberkampf, as piscinas, certas ruas do bairro dos Halles, e que era apegado a malandros e cafetões. Dois ou três parceiros mal bastavam para esgotar seus desejos e, de hábito, ele precisava de pelo menos uma dezena de orgasmos antes de encontrar um pouco de paz. Particularidade que ele atribuía a seus hábitos de grande masturbador e ao compromisso que, adolescente, ele encontrara entre a compulsão em buscar o prazer e a exigência de sua consciência moral: ele parava à beira da ejaculação, na qual se concentrava a interdição, para logo recomeçar.

Bastava as circunstâncias não se prestarem a essas satisfações esporádicas para ele se sentir ficar louco. As estadas em Cuverville, onde ele não podia encontrar parceiro sem arriscar um escândalo, punham-no num estado de tensão que inevitavelmente acabava por mergulhá-lo num terrível abatimento. Só saía do marasmo fugindo para Paris, ou para alguma cidade da costa, a fim de lá encontrar o alívio de suas tensões. "Você não imagina o que é para mim a ausência de qualquer ser jovem, desejável. Fico louco e logo me abandono às piores fraquezas. Há dias em que não agüento mais, em que percorro a região como um vagabundo lúbrico, buscando encontrar garotos, farejando por toda parte, em busca de uma aventura que sei bem impossível. Ah, eu lhe asseguro, em Cuverville entendi todos os crimes dos vagabundos, os estupros por trás das cercas, tudo, tudo! As pessoas não sabem o que é! Assim que estou em Cuverville, é a masturbação a não mais poder, a masturbação furiosa. Você me diz que eu devia viver lá. *Assim que lá estou, meu caro, lá apodreço*[101]". "Com você, eu apodrecia": é o que ele escreveu a Madeleine, quando partiu para a Inglaterra com Marc Allégret.

A *O imoralista* sucedeu *A porta estreita*. Eles constituem as duas placas de um díptico do qual cada uma seria a imagem invertida da outra. Os dois relatos se inspiravam em sua própria história com Madeleine, mas como que indiretamente, desenvolvendo o que poderia ter acontecido se ambos tivessem sido outros: nesse sentido, trata-se de fato de ficções. *O imoralista* podia parecer exaltar, em nome do desejo, a libertação da moral e da religião. *A porta estreita* pareceu celebrar a renúncia às alegrias do amor de uma alma decidida a devotar-se por inteiro a Deus. Passava-se do nietzscheísmo ao misticismo, dos relentos de enxofre ao odor de santidade. Mas *A porta estreita* era tão "crítica", ou irônica, quanto *O imoralista* em relação a seus heróis: Jérôme, incapaz de dobrar Alissa a seu desejo, Alissa, cujo sacrifício se devia mais ao medo de viver que ao amor por Deus.

Acabado o livro, Gide, como de hábito, não conseguiu impedir-se de desaprová-lo: "O livro", escreve ele em seu *Diário*, "agora me parece como um nugá cujas amêndoas são boas (*id est*: *Cartas e Diário de Alissa*), mas cuja massa é pastosa, mediocremente escrito; mas não podia ser de outro jeito com a primeira pessoa, o mole caráter de meu Jérôme implicando a mole prosa. De modo que, no fim das contas, acho o livro bem feito[102]". (Notemos a inversão pela qual Gide passa da autocrítica à auto-satisfação). Se ele fora longe ao tomar por sua conta o cinismo de *O imoralista*, ele igualmente repudiava a atmosfera sentimental na qual banhava Jérôme e Alissa: "Sonho com personagens sem efusões; olhos sem lágrimas, corações sem delicadeza... Todo o vocabulário do amor está em mim desativado por cinco anos", escreve ele a Ghéon[103].

---

101 Roger Martin du Gard, *Journal*, vol. II, *op. cit.*, pp. 372-373.

102 *Journal, 1889-1939*, *op. cit.*, p. 276.

103 Henri Ghéon-André Gide, *Correspondance*, vol. II, p. 718.

Gide sempre sustentou que seus diferentes livros só se apresentavam conforme uma sucessão de oposições por não ter podido produzi-los simultaneamente. Longe de serem duplos dele mesmo, os personagens que parecem representá-lo são sempre apenas metades, de que o outro constitui o desmentido. "Esses diferentes livros conviveram, ainda convivem, em minha mente. Eles só se seguem no papel e por grande impossibilidade de se deixar escrever juntos. Seja qual for o livro que escrevo, nele nunca me dou por inteiro, e o assunto que me solicita com mais insistência, logo depois, no entanto se desenvolve na outra extremidade de mim mesmo [...] Se alguém, em meu último escrito, pensa enfim apreender a minha semelhança, que perca as esperanças; é sempre de meu último filho que sou mais diferente[104]".

De *Os cadernos de André Walter* até *Os falsos moedeiros*, a produção gideana devia assim obedecer a um movimento alternativo de oscilação entre dois pólos, opondo dois valores extremos: angelismo e demonismo, vício e virtude, individualismo e abnegação. Mas cada pólo, guardando sua própria contradição, ironicamente minado por dentro, remete o leitor, tanto quanto o autor, ao outro pólo. Gide via de bom grado, nesse movimento de báscula, um processo alternado de libertação progressiva.

Já em *A tentativa amorosa*, os personagens libertavam-se de si mesmos ao se cumprirem, a exemplo do autor, que se libertava ao dar uma existência literária a virtualidades contraditórias. "Eu quis indicar, nessa *Tentativa amorosa*, a influência do livro sobre aquele que o escreve, e durante essa própria escrita. Pois, ao sair de nós, ele nos muda, ele modifica a marcha de nossa vida; como vemos em física aqueles vasos móveis suspensos, cheios de líquido, receber um impulso, quando se esvaziam, no sentido oposto ao do escorrimento do líquido que eles contêm[105]". O movimento de báscula que projeta André Gide de um pólo ao outro de sua subjetividade obedece ao mesmo princípio que o do motor a reação: sua produção numa direção particular o propulsa no sentido oposto. "Logo, eu estava triste porque um sonho de irrealizável alegria me atormenta. Conto-o, e

---

104 *Journal, 1889-1939*, *op. cit.*, pp. 275-276.

105 *Ibid.*, p. 40.

essa alegria, ao retirá-la do sonho, faço-a minha; meu sonho dela fica desencantado; isso me deixa feliz[106]". A escrita representa um modo de realização de um desejo que, por aí, se esgota. Gide utilizava, além disso, em *A tentativa amorosa*, o "procedimento do brasão que consiste, no primeiro, em pôr um segundo em 'abismo'", este não reproduzindo o primeiro de modo idêntico, mas invertendo seus valores. A construção em abismo serve aqui ao propósito de Gide de acrescentar à báscula de um pólo ao outro a inclusão, em cada pólo, de seu oposto, conjugando assim a alternância e a simultaneidade, e juntando assim mais estreitamente os contrários.

Clivagem, alternância e clandestinidade formam um nó. A alternância, respondendo a uma dualidade interna, põe-se a serviço da dissimulação, a qual caminha junto com uma divulgação velada que joga com as oposições ser-parecer, verdade-mentira, realidade-ficção, com a qual se tece igualmente a criação literária. De modo significativo, o princípio de alternância ao qual sua produção obedecia será abandonado por Gide no momento em que o encontro com Marc Allégret tornará, por um lado, caduca a clivagem íntima pela qual desejo e amor eram, para ele, radicalmente separados. Pouco depois, Gide tomou a decisão de revelar publicamente sua homossexualidade com a publicação de *Se o grão não morre*, assim como a de seu manifesto, *Corydon*.

O traumatismo da Primeira Guerra Mundial não foi estranho a essa virada maior da vida de Gide. Seu *Diário* é testemunha da profunda repercussão depressiva que ele sofreu. Velho demais para ir para a linha de frente (e, aliás, reformado), Gide dedicou seu tempo e suas forças às obras do Lar Franco-belga que tentava socorrer os refugiados desamparados. Essa dedicação diária quase lhe foi fatal. "Durante onze meses, no Lar, vivi inteiramente devorado de simpatia. O que esse tempo foi para mim, ainda não posso dizer nem saber. Certos dias, pude crer que eu não me *recuperaria*[107]". Ele literalmente se perdeu na preocupação com o outro, sua culpa de civil que ficou ao abrigo impedindo o individualismo do escritor de

---

106 *Ibid.*

107 *Ibid.*, p. 511.

servir de contrapeso. Sua tendência à clivagem acabou alimentada: ele se pôs a oscilar entre dois pólos insustentáveis, a vergonha, que o fazia repudiar sua posição de exceção e seus privilégios, e o desgosto pela mediocridade dos objetos de sua dedicação humanitária. "Diante desse desfile contínuo de misérias que sem cessar me rasgava o coração, eu sentia vergonha de toda superioridade e pensava junto com o Eucrates de Montesquieu: 'Para que um homem esteja acima da humanidade, isso custa caro demais para todos os outros'[108]". Num outro dia, ele exclama, quase sem forças: "Quantas vezes, no Lar, tratando, consolando, apoiando aqueles pobres trapos humanos, capazes apenas de gemer, inválidos, sem sorrisos, sem ideal, sem beleza, senti surgir em mim a terrível questão: eles merecem ser salvos[109]?".

Para culminar, Ghéon, o companheiro de todas as farras, converteu-se. Claudel, por sua vez, pôs-se a assediá-lo, exortando-o a salvar a alma. Gide, assediado, teve uma última crise religiosa: por não crer em Deus, pôs-se a crer no demônio, que se tornou a seus olhos o princípio explicativo último de toda a sua existência. Viu por toda parte o seu ardil, até na própria virtude, e pôs-se a oscilar perdidamente entre duas suspeitas: estava ele fingindo para si mesmo, imaginando acreditar no diabo no momento em que se sentia fraco demais para assumir seus desejos, ou estava então procurando se enganar ao afirmar não acreditar nele, embora se tornasse por aí mesmo ainda mais sua presa? Como se vê, que se acredite ou não nele, o diabo sempre ganha, o que o aparenta a Gide.

Em 1916, ele chegou ao fundo do desamparo. "Não penso ter estado alguma vez mais longe da felicidade", escreve ele então em seu *Diário*, "[...] Eu estava renunciando ao céu. Eu não me defendia mais do inferno. Idéias fixas e todos os pródomos da loucura[110]". *Numquid et tu...?* se fez eco de seus tormentos. Foi então que, mais uma vez libertado pela escrita, ele recomeçou e ficou apaixonado por Marc, o filho, de dezessete anos de idade, do pastor Allégret. Graças a mil ardis, conseguiu levá-lo para viajar na Suíça, depois na Inglaterra. Seu *Diário* traz o testemunho reiterado da ex-

[108] *Ibid.*, p. 527.

[109] *Ibid.*, p. 514.

[110] *Ibid.*, p. 565.

plosão de felicidade que então conheceu. "Uma imensa alegria me enternece e me exalta[111]". "Eu não havia conhecido uma calma como essa há meses, anos [...] Maravilhosa plenitude de alegria[112]". "Nunca me senti mais jovem e mais feliz que no mês passado[113]...". "Vertigem de felicidade. [...] Nunca senti tanto prazer em viver[114]...". "Minha alegria tem algo de indomado, de selvagem, em ruptura com toda decência, toda conveniência, toda lei[115]". Sua ligação com Marc devia durar mais de vinte anos.

Ao voltar da Inglaterra para Cuverville, onde o aguardava Madeleine, ele não tardou em ficar sabendo que, em sua ausência, ela havia queimado todas as cartas que, desde a adolescência, ele lhe havia escrito. "Eu tinha", diz ela, "que fazer alguma coisa". "Era o que eu tinha de mais caro no mundo". O desespero de Gide foi na medida do lugar que tinham para ele aquelas cartas: o do coração. "O melhor de minha obra... o mais puro de minha existência... O mais puro de meu coração[116]". Todo o fundamento subjetivo que lhe davam tanto seu amor por Madeleine quanto a escrita lá se achava concentrado: essa correspondência representava o derradeiro fundamento de sua existência, aquela mesma da realidade das coisas, o núcleo de seu ser. Ao tomar conhecimento desse desaparecimento, foi, diz ele, como se tivesse cessado de viver. "Dali por diante, nunca mais me apeguei realmente à vida; ou pelo menos só muito mais tarde, quando compreendi que havia recuperado a sua estima; mas, mesmo então, não entrei mais realmente na roda, só vivi com esse sentimento indefinível de me agitar entre aparências – entre essas aparências que chamamos realidades[117]".

A essa perda uma outra logo fez eco, através da qual Madeleine lhe apareceu doravante como mutilada. Ele se persuadiu, a partir de um chiado imperceptível, que, reconhece, só ele, aliás, estava a perceber, que "sua voz

---

111 *Ibid.*, p. 634.

112 *Ibid.*, p. 626.

113 *Ibid.*, p. 632.

114 *Ibid.*, p. 634.

115 *Ibid.*, p. 639.

116 Jean Schlumberger, *Madeleine et André Gide, op. cit.*, p. 191.

117 *Et nunc manet in te, op. cit.*, p. 1148.

mesmo, sua doce voz de que eu gostava mais que tudo no mundo, sua voz querida não era mais a mesma[118]". Ele não vai mais cessar de lhe censurar por se automutilar pelo pouco cuidado que ela tinha com sua pessoa, estragando as mãos nos trabalhos mais grosseiros. Ele vai dolorosamente se queixar de que ela se esforça em "se podar", em destruir a imagem ideal que ele fazia questão de vê-la encarnar.

O encontro de Marc, para quem, pela primeira vez, convergiam o amor e o desejo, a crise que daí resultou em suas relações com Madeleine tiveram na vida de Gide e na obra uma repercussão decisiva. A escrita ficou doravante inteiramente dedicada à divulgação de seu "privado", até "arruinar, no que lhe diz respeito, a tradicional noção de vida íntima[119]". Indo além da reserva à qual ele até então se obrigava para não ferir Madeleine, ele tornou pública sua homossexualidade e mandou publicar seu diário íntimo. Logo, o menor detalhe de sua existência cotidiana tornou-se objeto potencial de uma publicação. Seus amigos começaram a temer que suas palavras fossem imediatamente difundidas. Ele entrara numa nova era: a da "parrésia", da manifestação inesgotável da verdade. Nesse movimento de exteriorização sem fim aboliram-se as oposições ordinárias entre o dentro e o fora, o público e o privado. Gide tornou-se, por inteiro, "êxtimo[120]".

Roger Martin du Gard, como a maioria de seus amigos, buscou inutilmente dissuadi-lo de publicar *Corydon*. Já o via no pelourinho e suspeitava que ele quisesse experimentar os êxtases do martírio. Gide, pensa ele, "experimenta a necessidade da confissão pública; ele aspira ser enxovalhado, odiado, rejeitado por toda parte; o desejo do ultraje, do opróbrio de antemão o inebria[121]...". Intimado a se explicar, o interessado tentou justificar sua determinação: desejo de se libertar da mentira sob a qual ele sufoca, "de levar o mais longe possível a expressão sincera e total do ser que ele é", de fazê-lo antes que sejam banalizados os desvios sexuais, num momento em que há

[118] *Ibid.*, p. 1151.

[119] Pierre Klossowski, *Un si funeste désir*, Gallimard, 1963, p. 86.

[120] Cf. a noção de extimidade introduzida por Jacques Lacan, Seminário XIV, *De um Outro ao outro*, sessão de 12 de março de 1969, inédito.

[121] Roger Martin du Gard, *Journal*, vol. II, *op. cit.*, p. 294.

"ainda riscos" em jogar fora a máscara. Gide reconhece que espera que esse gesto, que ele considera "nobre", "sincero, desinteressado, corajoso", lhe valha, "aos olhos de alguns, aos olhos da posteridade", uma "veneração particular, um retorno de grandeza, de influência". Ambição que não exclui o messianismo, "esse gosto místico que ele tem de se tornar o apóstolo e talvez a vítima expiatória, o messias da homossexualidade[122]". Ele tem de se sacrificar para tirar do ostracismo "os que não são como os outros", e conquistar para eles, com "um livre lugar ao sol", o "direito de ser o que são".

Mas tudo isso ainda está longe de esgotar a complexidade de seus motivos: Gide reconhece que a publicação de *Corydon* e de *Se o grão não morre* fará seguramente outra vítima que ele mesmo: sua mulher, já que ele pensa que será para ela "um golpe definitivo, que vai justamente acabar com ela". Não seja por isso: ele considera que é justamente sua única chance de reconquistar aquela que se afastou dele e o reprova. "Se eu for ultrajado, banido por toda parte, amarrado a um poste e coberto de insultos, talvez ela sinta piedade, talvez ela de novo me estenda a mão[123]".

Em suma, tudo o levava àquilo, o desejo de glória e o da abjeção, a ambição e a abnegação, o ódio e o amor, o gosto da perdição e a aspiração à redenção, o misticismo e a militância – a luta muito leiga pelos direitos do homem que ama os homens. Do lado de Madeleine, aliás, ele não vira tão mal. A se crer na Pequena Senhora, ela lhe teria declarado naquela oportunidade: "Sabe, o que quer que aconteça, eu me sinto com você[124]".

Ao sair, em 1923, *Corydon*, em detrimento de Gide, só encontrou silêncio. É verdade que a obra estava animada de um desestimulante espírito didático. Entretanto, algumas anotações interessantes para o clínico lá se encontram, como esta: Gide lá sustenta que foi graças aos homossexuais que a humanidade adquiriu a noção do respeito que é devido às mulheres. Ele sabia do que estava falando, e ainda não havia entrevisto que a dele teria estado no direito de se queixar da maneira como ele a ouvia.

Foi na mesma época que Gide publicou a única de suas obras de ficção à qual ele quis dar o nome de romance. Com *Os falsos moedeiros*, ele

---

122 *Ibid.*, p. 385.

123 *Ibid.*, p. 297.

124 "Les Cahiers de la Petite Dame", in *Cahiers d'André Gide*, vol. IV, *op. cit.*, p. 198.

abandonava o princípio de alternância que havia, desde o início, regido sua produção literária, oscilando de um livro ao outro entre os dois pólos constitutivos de seu eu. Esse movimento, como vimos, não ia sem um perpétuo desabono, de que ele temia que à força ele desse a sua obra alguma inflexão irônica: "Às vezes me parece", notava ele em seu *Diário*, em 1912, "que nada escrevi de sério até aqui; que só apresentei ironicamente meu pensamento e que, se eu desaparecesse hoje, só deixaria de mim uma imagem segundo a qual meu anjo mesmo não poderia me reconhecer[125]".

Em *Os falsos moedeiros*, Gide quis "fazer tudo entrar", isto é, ele inteiro, com todas as suas facetas e suas mínimas virtualidades, mas sobretudo sua dualidade constitutiva, o céu e o inferno a um só tempo. O *Diário dos falsos moedeiros* não cessa de voltar a isso: essa obra terá dois pólos, dois focos, duas intrigas que será preciso "justapor e imbricar, à maneira de César Franck[126]", como um motivo de andante e um motivo de alegro. Dois crimes terão por função polarizar a intriga: "o caso dos falsos moedeiros anarquistas de 7 e 8 de agosto de 1907" e "a sinistra história dos suicídios de estudantes de Clermont-Ferrand em 5 de junho de 1909".

Abandonando a alternância, Gide era forçado, caso quisesse permanecer fiel à sua idiossincrasia, a renunciar ao mesmo tempo ao princípio do centro único, sobre o qual repousa o romance tradicional. O *Diário dos falsos moedeiros* reflete suas hesitações no limiar de sacrificar a unidade da perspectiva para tomar seu partido por uma "estranheza" que reivindicava seus direitos e renovar, por aí mesmo, o gênero romanesco. "Por que, já que aceito que ele não seja assimilável a nada mais (e ele me agrada assim), por que buscar tanto uma motivação, uma seqüência, o agrupamento em torno de uma intriga central? Não posso eu encontrar os meios, com a forma que adoto, de fazer indiretamente a crítica de tudo isso: Lafcadio, por exemplo, tentaria em vão amarrar fios; haveria personagens inúteis, gestos ineficazes, palavras inoperantes, e a ação *não* se iniciaria[127]". Com a unidade, é a própria idéia de uma finalidade que se vê arruinada. Além disso, ao renunciar

---

[125] *Journal, 1889-1939*, *op. cit.*, p. 388.

[126] *Journal des Faux-Monnayeurs*, Gallimard, 1927, p. 11.

[127] *Ibid.*, pp. 25-26.

a um ponto de vista unitário, o autor cessa de fingir a onisciência e deixa o leitor "levar vantagem sobre [ele][128]". Não há até a noção de um sentido orientando a obra que não estoure sob o efeito desse descentramento: ela vai se acabar sem se concluir, "por sua ampliação e por uma espécie de evasão de seu contorno[129]", como se ela se desfizesse ao se espalhar.

À construção em elipse, desdobrando e, por aí mesmo, abolindo o centro, acrescentava-se a reduplicação reflexiva engendrada pelo procedimento da colocação em abismo, que as obras de juventude já privilegiavam e que é aqui levada ao ápice. Édouard projeta escrever um romance intitulado "Os falsos moedeiros". Como Gide, ele mantém um diário que, sob o título de "Diário de Édouard", faz parte dos *Falsos moedeiros*, romance de André Gide. Édouard também escreve, ficamos sabendo disso acidentalmente, a agenda de bordo da redação de seu livro, ao passo que Gide publicará o *Diário dos falsos moedeiros*. O casal formado por Gide e sua obra está assim duas vezes representado, uma primeira vez na ficção, por um reflexo interno, como de um espelho colocado no interior de um quadro e que refletiria o pintor, e uma segunda vez no *Diário* e no *Diário dos falsos moedeiros*, por um reflexo externo, como de um espelho colocado no exterior do quadro, que incluiria em seu campo o pintor e sua tela.

Não é apenas o autor, mas também a realidade que se vê estranhamente difratada em seus múltiplos reflexos. Assim com o episódio realmente acontecido a Gide, que surpreendeu um jovem colegial que se preparava para roubar um livro numa livraria: disso encontramos um primeiro rastro no *Diário*, um relato circunstanciado no *Diário dos falsos moedeiros* e uma versão romanesca em *Os falsos moedeiros*.

O efeito produzido lembra a multiplicação dos reflexos que são obtidos ao se colocar dois espelhos frente a frente. Integrar à obra o ponto de vista sobre a obra, a ela acrescentar um comentário sobre a obra, corresponde a se esforçar para se ver de costas. Para isso é preciso, com efeito, um jogo de espelhos. É o próprio projeto de se pôr inteiro em sua obra que conduz Gide a essa desenfreada reduplicação dos reflexos: a necessidade da reiteração procede da tentativa de significar-se a si mesmo sem resto.

---

128 *Ibid.*, p. 63.

129 *Ibid.*, pp. 83-84.

A colocação em abismo, quando ela se repete num movimento de regressão infinita, torna, além disso, indiscernível a diferença entre o que se reflete e o que é refletido. Entra-se, então, num mundo onde o princípio de contradição não tem mais vez. Como os lógicos mostraram, a auto-referência mergulha no universo do paradoxo, em que a lógica alcança, com o irresolúvel, seus confins: basta pensar no antigo paradoxo do Mentiroso ou então ainda naquele que esteve no centro dos debates da lógica moderna e que traz o nome de Russell. Nesse universo, a distinção entre o interior e o exterior torna-se caduca: basta imaginar-se dentro para estar fora, e inversamente. Doravante habitamos um espaço onde o avesso e o direito são intercambiáveis e, para tudo dizer, idênticos.

Com *Os falsos moedeiros*, a diferença entre a realidade e a ficção torna-se indiscernível. Se o autor do romance se representa ele mesmo num de seus personagens, não seria o personagem de romance que se tornaria autor verdadeiro, e André Gide que se afiguraria inteiro uma ficção, um homem de letras, uma figura a exemplo daquelas do pintor Arcimboldo, inteiramente composta de caracteres tipográficos? Eis com o que justificar a impressão de irrealidade que afetava Gide com tanta freqüência.

Mas a ficção não é, sob certos aspectos, mais verdadeira que a realidade e, mais que ela, preciosa? É pelo menos o que sugere o diário de Édouard: o verdadeiro tema do livro que ele projeta seria a luta entre "o que lhe oferece a realidade", "os fatos propostos pela realidade" e "o que ele pretende fazer com ela", "a realidade ideal[130]".

Talvez seja conveniente, sob esse aspecto, dar outro sentido a essa falsa moeda que circula no romance. Provavelmente o romancista também é um falso moedeiro, ele que sempre pretende um pouco fazer passar por reais suas ficções. Mas, se a realidade é o teatro dos falsos semblantes, da impostura, da mentira e da hipocrisia, não se pode dar mais valor à ficção, a exemplo daqueles "amantes" dispostos a pagar, a título de "curiosidade", a falsa moeda mais caro que a verdadeira? A ilusão pode ser querida como tal. Assim o fetiche que, se é um falso semblante, uma ficção, não busca fazer-se passar por verdadeiro, mas se ostenta francamente como tal, e que alguns apreciam mais que uma realidade com muita freqüência sem encanto.

---

130 *Les Faux-Monnayeurs*, *op. cit.*, p. 1082.

Gide foi daqueles que preferem o reflexo à coisa, a sombra da caverna à luz crua do mundo, ele que pretendia interverter-lhes valor de realidade, sustentando que para ele nada assumia existência real senão no espelho da escrita? Se os reflexos às vezes trazem às coisas como que um suplemento de realidade, eles também são aquilo no que ela se perde, e a perspectiva infinita que eles parecem abrir torna-se a armadilha por onde afundamos em algum poço glauco onde a luz se extenua.

Gide não deixou de entrever o perigo de fechamento e de exílio em que incorremos no jogo dos espelhos e o risco de perder, no labirinto deles, com o gozo das coisas, o fio tênue do real. O reflexo pode então afigurar-se o triste emblema do empobrecimento vital. Gide disso teve, um dia, a revelação, ao visitar um amigo cujo quarto dava para uma área interna estreita, onde a luz só penetrava devolvida por um horrível refletor de zinco empenado. A impressão foi bem forte para disso encontrarmos, em sua obra, várias vezes o rastro: em *Se o grão não morre*[131], em *Os falsos moedeiros*[132], e já em *Paludes*: "A vida inteira eu terei tendido para uma luz um pouco maior. Vi, ah! em volta de mim, montes de seres enlanguescer em peças estreitas demais; o sol lá não penetrava nunca; grandes placas descoloridas de lá traziam reflexos por volta do meio-dia[133]".

"*Mehr Licht*", o gosto pelos espelhos e por suas vertigens era equilibrado, em Gide, pelo ódio de todos os confinamentos ("famílias, lares fechados..."), pela aspiração à luz plena e aos horizontes sem limites. Se o desejo encontra o meio de se avivar nos engodos, o gozo, por sua vez, requer mais encarnação. E é rumo a essa encarnação que ele decididamente se orientava.

Depois de *Os falsos moedeiros*, Gide não se interessou muito mais pela criação romanesca. As poucas obras de ficção que escreveu, posteriormente, traem uma falta de inspiração que ele mesmo notava, não sem inquietude: "Não tenho mais em mim nenhum poder criador? Ou antes não posso mais me apaixonar por minha ficção? Ela não me interessa mais; minha

---

131 *Ibid.*, p. 476.

132 *Ibid.*, p. 1158.

133 *Paludes*, *op. cit.*, p. 139.

mente a deixa sem cessar. Os romances dos outros não me retêm muito[134]...". Em outra parte, ele ressaltava: "O sentimento de que o mais importante resta a dizer não mora mais em mim como antigamente". Com certeza, em *Os falsos moedeiros*, ele conseguira enfim reunir suas virtualidades mais antagônicas. Ademais, sua verdade, até então, avançara sob a máscara da ficção. Engajar-se na via da declaração aberta tornava doravante caduco esse desvio.

A época em que escrevia *Os falsos moedeiros* também foi, para Gide, o tempo do desabrochar, do cumprimento vital. Ao passo que inventava, a exemplo de sua complexidade subjetiva, uma nova forma romanesca, ele realizava, em sua vida, suas virtualidades aparentemente mais antinômicas, de que o "Vaneau" logo se tornou o lugar de reunião. Enquanto estava vivendo com Marc Allégret uma paixão feliz (o que já é testemunha de um excepcional talento de unir os contrários), ele se tornou pai de uma menina, dada a ele por Élisabeth van Rysselberghe, a filha da Pequena Senhora. Ele um dia lhe havia declarado: "Só amarei com amor uma única mulher e só posso ter verdadeiros desejos por jovens rapazes. Mas resigno-me mal a vê-la sem filho e a não tê-lo eu mesmo[135]". Ao ficar sabendo que ia ser pai, ele exclamou: "A minha vida inteira me aparece como um desafio[136]". Seguro de que seria um rapaz, ele já projetava fazer dele um acrobata e não escondeu sua decepção ao nascer Catherine: "É uma brincadeira de mau gosto, pensa ele, que o diabo está fazendo[137]".

Pouco depois, a Pequena Senhora, que ficara viúva, propôs a Gide dividir um apartamento, na rua Vaneau. Marc lá teria também seu estúdio e a Pequena Senhora lá receberia, para suas estadas em Paris, Élisabeth e Catherine. O "Vaneau" foi um êxito, a harmonia da coabitação nunca se desmentiu. Em suma, a vida de família sonhada. Mas, como escreve a Pequena Senhora: "É precisamente a expressão que não se deve empregar[138]".

[134] *Journal 1889-1939*, *op. cit.*, p. 1128.

[135] "Les Cahiers de la Petite Dame", in *Cahiers André Gide*, vol. IV, *op. cit.*, p. 150.

[136] *Ibid.*, p. 148.

[137] *Ibid.*, p. 179.

[138] *Ibid.*, p. 215.

Segundo lar de Gide, que desertava Cuverville, o "Vaneau" completava, mais que nunca no equilíbrio, sua elipse subjetiva, ao passo que a Pequena Senhora se tornava cada vez mais a outra testemunha de sua existência, herdando, após a morte de Madeleine, a função de contraditora desta: "Eu me tornara a indispensável objeção, aquela que ele solicitava, aquela que se lhe tornara necessária[139]".

Durante quarenta anos, ela manteve, à sua revelia, cadernos onde consignava no dia-a-dia, novo Eckermann, suas atividades, suas mínimas palavras, trazendo-lhe uma "existência poética" a mais, acrescentando mais um espelho a seu jogo. Assim é que, no tempo dos *Falsos moedeiros*, em que Gide multiplicava os "diários", o da Pequena Senhora elevava de mais um grau o coeficiente da colocação em abismo: "Há para mim", escrevia ela então, "algo de um pouco vertiginoso à idéia de que eu ainda possa tomar notas sobre isso. É uma interpenetração, uma complicação digna do tema[140]". Ela esperou que ele estivesse em seu leito de morte para desvelar-lhe, à guisa de viático, a existência desses cadernos.

A imagem que eles nos deixam é a de um Gide feliz, dotado de uma fabulosa vitalidade. "Para seguir uma vontade, um desejo, sentimos nele um irresistível impulso que o faria ir além... de qualquer coisa[141]".

A ela devemos, de Gide, aos cinqüenta anos, esse belo retrato, que sublinha com humor a figura janusiana de um intelectual austero e também de um amante de cambalhotas, tudo tingido de volúpia exótica, lembrança da francesa das colônias de sua infância: "É bem delicado fixar a sua imagem; entretanto, ele não é tão mutante quanto diverso. Ele tem bem naturalmente a atitude grave e clássica do pensador, a cabeça inclinada, o olhar afundado como um traço luminoso sob a curva da testa. Seu belo rosto é simétrico, com uma ruga profunda que cava as longas faces e com um mesmo traço cerca o queixo, dando ao rosto uma base forte e severa. Mas os ombros são caídos e lhe dão um ar tímido e hesitante.

139 "Les Cahiers de la Petite Dame", in *Cahiers André Gide*, vol. VII, p. 254.

140 "Les Cahiers de la Petite Dame", in *Cahiers André Gide*, vol. IV, p. 191.

141 *Ibid.*, p. 306.

Será o mesmo que vemos nos tapetes fazer restabelecimentos complicados, mostrando um corpo fino, flexível, de quadris estreitos, que faz parecer inesperada a cabeça calva de cabelo raro e castanho? Quem é que disse que ele parecia um palhaço japonês? Nunca o vemos em posição vertical; seus membros deslizam, moldam-se às poltronas, buscam com precaução uma voluptuosa comodidade. Assim afundado num divã, com seus pés leves, calçados de chinelos vermelhos, seu rosto achatado e seus olhos longos, ele certamente tem algo de oriental. Mas ele segura o livro com mãos robustas, mãos de ar livre que facilmente imaginamos trabalhando num jardim[142]".

No seio de sua maturidade feliz, ele guardava em sua carne a farpa de seu doloroso amor por Madeleine. Se fizera questão de nada renunciar por ela, não ignorou que ela pagava o preço disso. "O drama, para cada um de nós dois, começou no dia em que tive de compreender (e em que ela igualmente compreendeu) que eu só poderia me realizar afastando-me dela[143]". Foi um drama "constante, latente, secreto, essencial[144]", que ele não podia evocar junto aos amigos sem que seu rosto se decompusesse.

Deve-se a essa dor um de seus mais belos textos, *Et nunc manet in te*, soberba oração fúnebre de acentos próximos de Bossuet, que ele terminou em Luxor, alguns meses após a morte de Madeleine. Simultaneamente, ele relatava com complacência, em seus *Carnês do Egito*, suas aventuras com os pequenos jardineiros do Winter Palace, embelezando seu relato com comentários sobre seus gostos em matéria de volúpia. A um "prazer sumário e feito de qualquer jeito" ele diz preferir unicamente o desejo e "esse simples prazer dos olhos que, como o leque de Cleópatra, soprando sobre a cobiça, a um só tempo a aviva e a acalma[145]". Só deixar à morte o inevitável triunfo final, tomar sempre o partido do desejo e saber dele gozar, são estas as últimas palavras da ética que foi a sua, na tradição de uma sabedoria que nunca desdenhou o escândalo: "O despojo que breve vou dever ao túmulo,

---

142 *Ibid.*, p. 40.

143 *Journal, 1939-1949*, *op. cit.*, p. 273.

144 *Et nunc manet in te, op. cit.*, p. 1142.

145 *Carnets d'Égypte*, in *Journal 1939-1949, Souvenirs, op. cit.*, p. 1061.

eu gostaria que ele não estivesse frio demais. Não posso considerar sabedoria o esforço de apagar os últimos tições do desejo; mas, ao contrário, de reavivá-los. Deixemos a morte agir; de que adianta ajudar seu jogo[146]?".

[146] *Ibid.*, p. 1062.

A grande distância

> "Minha coragem consiste em destruir todas as habituais razões de viver e em descobrir outras".
> *Diário do ladrão.*

Existem duas vias para vencer a sorte mais contrária: a via comum do êxito, meritória na medida da deficiência que foi preciso superar, e aquela, mais rara, que consiste em exasperar o destino, até que este sofra uma espécie de inversão. Trata-se, aqui, de fazer da própria infelicidade uma vitória. As duas vias exigem vontade, tenacidade, rigor e coragem.

Meninos encontrados, pupilos da Assistência Pública, Louis Cullafroy e Jean Genet foram ambos educados numa família de criação de Alligny-en-Morvan. O primeiro tornou-se dono de empresa. O segundo, ladrão, presidiário, homossexual. Por muita abjeção declarada, graças à escrita, ele teve a glória. "Minha vitória é verbal", pôde ele afirmar. Não porque se tornou um escritor célebre. Não tanto porque soube ornar a miséria com palavras pomposas, mas porque usou dos poderes de inversão que a própria linguagem tira de sua natureza.

Ele se dedicou à demonstração poética da identidade dos contrários num ponto em que se equivalem avesso e direito e fez um uso notável dos paradoxos lógicos que nos forçam a sustentar, sucessivamente, que uma mesma proposição é verdadeira e que é falsa, até mesmo que é falsa quando é verdadeira, e verdadeira apenas se for falsa. O jogo de porrinha (pedra, tesoura, papel), em que o mais forte é também o mais fraco e em que o mais fraco triunfa, para ele não teve segredo.

No início, Genet exerceu-se sobretudo em operar inversões triunfais, inversões heróicas, inspirando-se na mensagem evangélica: os primeiros serão os últimos e os últimos serão os primeiros. Os danados da terra são os eleitos do poeta e seu olhar se confunde com o olhar com o qual Deus nos contempla. Ele inventou uma outra realidade, como Platão o mundo das idéias, cuja sombra é nosso mundo. Reflexo invertido da nossa, ela só podia ser mais bela, a nos fazer desejar passar para o outro lado do espelho, ali onde a abjeção pode ser a receptação de uma glória superior.

Depois, os universos da inversão deram lugar à tensão contraditória dos extremos, à potente corrente alternativa entre pólos contrários. Assim, ele intimou seu amante funâmbulo a se exercer na grande distância de si a si e a se fazer sucessivamente ídolo e dejeto, mendigo de dia, *star* de noite. E, entre os dois, a se entregar sem cessar, sobre um fio, a um vaivém mortal.

Do imundo ao ideal, os extremos sempre estão um pouco fora do mundo. O poeta um dia se viu, num trem, despojado dos prestígios da exceção e destituído da fascinação da corda esticada. Tendo se reconhecido um qualquer, só restou do antigo vaivém o da mão e do olhar do artista, da paleta à tela, da obra ao modelo. E o fio da pluma.

A entrada na literatura é Divine, a bicha louca de *Nossa Senhora das Flores*, sonhada por Genet do fundo de sua cela. Figura híbrida, Divine é, com seu sexo de homem, a "Toda" mulher, apaixonada pelo macho, por aquele que tem "a nobreza de um animal inteiro que traz entre as pernas seu fardo[1]", belos cafetões que desfilam exibindo seus músculos rijos e fazem da própria virilidade um atributo feminilizante, um paramento. Divine por eles faz *trottoir* e corre tropeçando nos saltos-agulha do luxo à miséria, conforme os altos e os baixos, como corre da moça ao rapaz, quando, pela idade e pelo amor por um mais jovem, ela crê ter-se tornado masculina, e, embora seja bicha, de repente se imagina boxeador. Divine tem religião, a do sexo. Para ela, é o próprio sagrado. Seus amores são um "deus acima de

[1] Jean Genet, *Pompes funèbres*, in *Œuvres complètes*, vol. III, Gallimard, p. 26.

Deus"; o corpo de seus amantes, um altar. No sentido contrário, a religião e seus símbolos, seus rituais, seus objetos de culto a fazem invencivelmente pensar nas partes nobres ou vergonhosas: a fenda das cortinas do tabernáculo é uma braguilha, o aspersório, um pau que acaba de mijar e que pinga. Por isso ela está em adoração perpétua, indo e vindo da sacralização do sexo à sexualização do sagrado, e sempre correndo de um a outro, sacrílega e profanadora. Assim realiza ela a união dos contrários.

Por sua própria agonia, ela consegue unir o inconciliável: o divino sacrifício e o assassinato crapuloso. Ela morre "no meio de uma poça tão vermelha de seu sangue vomitado que ao expirar ela teve a ilusão suprema de que esse sangue era o equivalente visível do buraco negro que um violino arrebentado, visto na casa de um juiz no meio de uma confusão de peças de processos, designava com uma insistência dramática como um Jesus o cancro dourado onde brilha seu Sagrado Coração de flamas. Eis, pois, o lado divino de sua morte. O outro lado, o nosso, por causa desses fluxos de sangue espalhados sobre sua camisa e seus lençóis [...], faz a sua morte equivaler a um assassinato[2]". O buraco do instrumento jogado de lado, ele mesmo evocando algum crime sexual, forma o pivô em torno do qual se oscila do estigma venéreo, mas já de ouro iluminado, ao símbolo da paixão de Cristo. Esse buraco tem duas bordas: o amor profano e o amor sagrado. Duas bordas de horror transfigurado que a frase de Genet conjuga.

Na prisão, um negro assassino pintava soldados de chumbo. Como um deles se quebrou, "o cotoco mostrou um buraco. Essa certeza do vazio interior me arrebatou e me desolou[3]". Esse vazio, o mesmo, a Divine havia sido revelado na infância por um busto de gesso de Maria Antonieta, a rainha guilhotinada. "Durante cinco ou seis anos, vivi bem perto sem perceber, até o dia em que, como seu coque milagrosamente se quebrara, vi que o busto era oco. Fora preciso que eu pulasse no vazio para vê-lo[4]".

Divine criança, então menino, havia decidido experimentar Deus, cometendo um sacrilégio, ao forçá-lo ao milagre, ainda que ele mesmo

---

2 *Notre-Dame-des-Fleurs*, in *Œuvres complètes*, vol. II, Gallimard, p. 13.

3 *Ibid.*, p. 99.

4 *Ibid.*

fosse aniquilado. Foi direto ao tabernáculo, em segredo, de noite, na igreja vazia. Ao pegar as hóstias sagradas, "ele deixou escapar o cibório, que, caindo sobre a lã, fez um som oco. E o milagre aconteceu. Não houve milagre. Deus tivera medo. Deus estava oco. Só um buraco com qualquer coisa em volta[5]". Quando se é poeta, com essa coisa qualquer se fazem milagres, de transfiguração, de sublimação. Se a revelação do buraco faz do ídolo um dejeto, resta fazer deste o objeto derradeiro de uma suprema idolatria.

Quando o amor nos foi de origem recusado, quando, no lugar da mãe, há um buraco, e dele somos oriundos, rebento deixado por conta desse vazio, só resta dessa posição de dejeto, se quisermos assumi-la, fazer milagres: inventar um novo amor que transfigure a abjeção. Este será o único a ser permitido. Ele também se chama vício ("felizmente existem os depravados Senhoritas, isso permite aos mal feitos conhecer o amor[6]", repetia Madame Lysiane a seus pensionistas), ou, ainda, poesia.

Ao outro, o leite da ternura humana pelo qual o desejo de viver deveria ter-nos entrado no sangue, a ele será sempre preciso opor uma recusa, a fim de que aquela que nos fizeram não tenha sido em vão. Por pouco que o tenhamos nas veias, não ficaremos tranqüilos enquanto não o vomitarmos com as palavras. "Meu amor acabará por sair talvez, penso, de mim, levado por essas palavras, como um tóxico o é do corpo pelo leite ou pela purgação[7]". O cafetão admirado, o bruto perfeito terá seu prestígio por ser esse símbolo do amor vencido: "O homem que não se deixou agarrar no amor", aquele que soube destruir em si seus prestígios.

Fazer uma cruz sobre o amor abre algumas avenidas do lado do gozo. Também acontece, e é a mesma coisa, de isso dar talento. A genialidade, dizia Sartre, é "a saída que se inventa nos casos desesperados".

Pode-se dizer o mesmo da homossexualidade, que, segundo Genet, se aparenta com o suicídio. Amar os homens não resultaria do instinto sexual, mas de uma recusa da "lei que visa à perpetuação da vida", "... Na infância, um traumatismo transtorna a alma. Penso que ocorre então isto: após um

---

5 *Ibid.*, p. 103.

6 *Querelle de Brest*, in *Œuvres complètes*, vol. III, p. 301.

7 *Journal du voleur*, Gallimard, 1949, p. 156.

certo choque, recuso viver, mas, incapaz de pensar minha morte em termos claros, racionais, vi-a simbolicamente, recusando continuar o mundo. O instinto me leva, então, para meu próprio sexo[8]". Temas fúnebres e gestos de morte ("suicídio, assassinato, roubos, atos associais capazes de me dar uma morte senão real pelo menos simbólica ou social[9]") estão no cerne do universo homossexual. O amor pederasta é uma delegação, uma procuração: o amado "reproduz" o amante, mas é a única reprodução na qual ele consente. "É por isso que o quero belo. Ele tem os atributos *visíveis*, quando *eu vivo morto*[10]". Quanto à feminilização do homossexual, ela não exprime, como se acredita, "a nostalgia da idéia da mulher que ele poderia ter sido", mas "a preocupação amarga de ridicularizar a virilidade[11]".

Ridicularizá-la, embora a exaltando, é esta a dupla posição sustentada pelo homossexual: zombar de seus atributos enquanto símbolo da fecundidade, do desejo irresistível de perpetuar uma vida desprezada ("... uma vida que foi decidida quando nela entrei[12]"), mas magnificar esses mesmos atributos quando estão livres de sua função reprodutora, desprovidos de finalidade, apreciados apenas em sua qualidade de objetos, pesados, avaliados, medidos de acordo com seu valor de gozo. A idolatria dedicada a essas partes trai, pela própria ostentação, a vontade de derrisão. Objeto de culto, essa coisa que serve para mijar e para enrabar? A idolatria, como sustentava Proust, consiste em dedicar à materialidade do signo a adoração devida ao além que ele designa. Através da exaltação enfática do órgão macho, é o sagrado da vida que é ridicularizado, ao mesmo tempo que se vê rebaixado o poder procriador do Pai. Símbolo da fecundidade, o falo, seja ele aqui objeto de adoração ou de derrisão, é então reduzido a um fetiche.

O horror foi, para Genet, de início, como um milagre ao avesso, "o milagre do nada e do não". Dele procedem as invenções do vício, do amor e da poesia. O problema a ser resolvido é este: como vencê-lo sem renegá-lo,

---

8 Citado por Edmund White in *Jean Genet*, Gallimard, 1993, p. 384.

9 *Ibid.*

10 *Ibid.*, p. 385.

11 *Ibid.*

12 *Journal d'un voleur*, *op. cit.*, p. 272.

já que é dele que se é oriundo. Ele é a porta que foi nosso único acesso ao mundo, ele só pode ser o companheiro de sempre. É uma questão de fidelidade. "Existem poucos instantes em que eu escape ao horror. Poucos instantes em que eu não tenha uma visão, ou uma percepção horrorizada dos seres e dos acontecimentos[13]". "O único meio de evitar o horror do horror é a ele se abandonar[14]", aceitá-lo, cultivá-lo, a ele se entregar, procurar encontrá-lo por toda parte, acuá-lo, querê-lo até o fim, amá-lo. "Cullafroy e Divine, de gostos delicados, serão sempre forçados a amar o que detestam, e isso constitui um pouco da santidade deles, pois é renúncia[15]".

Pierrot, de *A funerária*, pegava minhocas para atrair os peixes. "Uma noite, ele pegou no bolso algo duro e seco e o pôs na boca. O calor e a umidade bem rápido deram de novo sua moleza àquela minhoca encolhida que permanecera em seu bolso onde havia secado e que a escuridão não lhe permitira reconhecer. Ele se viu preso entre desmaiar de nojo ou dominar sua situação, querendo-a. Ele a quis. Obrigou a língua e o palato a experimentar sabiamente, pacientemente o contato repugnante. Aquela vontade foi sua primeira atitude de poeta, que o orgulho dirige. Ele tinha dez anos[16]".

Os estóicos já ensinavam: só existe resposta justa à terrível necessidade querendo-a. Os santos, por sua vez, iam ainda mais longe. A Bem-aventurada Margarida-Marie Alacoque, um dia, quando lavava, à imitação de Cristo, os pés dos leprosos, obrigou-se por amor a beber a água daquele banho, chegando até a engolir as cascas soltas daquelas carnes apodrecidas. Ela ali encontrou um de seus mais violentos êxtases.

A poesia é uma ascese, nada estranha àquela que os santos prescreviam. Ela consiste, por exemplo, no que Genet chama "sublimação" ou "milagre da magnificação". Ao que é feio, sujo, miserável, diversamente abjeto, até mesmo criminoso, daremos os mais belos nomes. Os assassinos serão flores, os ouropéis da mendicidade assumirão ares principescos, a feiúra será exaltada pelo vício. Uma miséria torna-se assim "fabulosa", um carro

---

13 *Notre-Dame-des-Fleurs, op. cit.*, p. 115.

14 *Ibid.*, p. 34.

15 *Ibid.*, p. 92.

16 *Pompes funèbres, op. cit.*, p. 78.

de prisioneiros, o puro emblema de uma "infelicidade de reis". A vida de mendigo desdobrará todos os "fastos da abjeção", contanto que se ponha "muito orgulho (isto é, amor) para embelezar esses personagens sujos e desprezados[17]". É indo até o fim da monstruosidade, desenvolvendo-a, que se obtêm "os mais puros ornamentos".

Tudo é assunto de verbo, de palavras, é claro, mas, se vestimos a miséria de atributos suntuosos, não é apenas por suas virtudes ornamentais. A estética é aqui obra de caridade, vontade de reabilitação dos seres, dos objetos, dos sentimentos reputados vis. Trata-se de lhes dar, em e pela linguagem, um direito de asilo, de salvá-los da "relegação", prestando-lhes "as honras do nome". "O talento é a polidez quanto à matéria, ele consiste em dar um canto ao que era mudo[18]".

O que é condenado, que enoja, que causa horror ou que é rejeitado, será elevado ao nível supremo de um objeto de culto. Assim o pequeno tubo de vaselina encontrado no bolso de Genet pelos policiais de uma delegacia de Barcelona. Frágil objeto tornado objeto-fetiche, "ele era o signo da própria abjeção, daquela que se dissimula com o maior cuidado, mas o signo ainda de uma graça secreta que logo ia me salvar do desprezo[19]". Esse objeto "sem brilho, quebrado, lívido", tão humilde, "a eles resistiria, por sua mera presença ele saberia enervar toda a polícia do mundo, ele atrairia para si os desprezos, os ódios, as raivas brancas e mudas, um pouco zombeteiro talvez – como um herói de tragédia que se diverte atiçando a cólera dos deuses, como ele indestrutível, fiel a minha felicidade e altivo[20]". Esse pequeno objeto possuía a aura dos gozos que ele favoreceu, mas qualquer objeto pode revestir a dignidade mais alta. Inversamente, Sarah Bernhardt, ídolo por excelência, poderia, dizia Genet, aparecer, sem romper o encanto, "sob a forma de uma caixinha de fósforos suecos[21]".

---

17 *Journal du voleur*, *op. cit.*, p. 19.

18 *Ibid.*, p. 117.

19 *Ibid.*, p. 20.

20 *Ibid.*, p. 23.

21 *Pompes funèbres*, *op. cit.*, p. 20.

Mas o milagre mais alto é o milagre alquímico da transmutação da infelicidade em seu contrário. "Quando se está só, de repente, diante de sua perda, repentina", no instante de pura luz que é o da queda, oferece-se a revelação da "realidade da suprema felicidade no desespero[22]". Essa descoberta inaugura uma ascese em que a procura da perdição assumirá um valor redentor. Para além da estética e da ética, é no campo religioso, aberto pelas formas extremas e paradoxais da experiência mística e da santidade, que se cumpre a inversão mais acabada do negativo em positivo. É aí que o "quem perde ganha", que resume, segundo Sartre, a posição de Genet, adquire todo o seu alcance.

A solidão da criança encontrada é sem remédio: resta apenas agravá-la, trabalhá-la "com um rigor matemático". "O fato de ser um ladrão me fazia crer na singularidade do ofício de ladrão. Eu me achava uma exceção monstruosa". A culpa do ladrão exila Genet, ao passo que a homossexualidade o "guardava numa solidão inabitual[23]". Mas esta culmina e se cumpre sem retorno na traição. Dar, roubar os amigos é "uma queda mais profunda" que nenhuma outra. O sofrimento, a vergonha que nos consomem fazem então de nós "de uma forma com linhas severas e nítidas, de uma matéria inatacável, uma espécie de diamante, justamente chamado solitário[24]". A solidão ou santidade "se reconhece ainda nisto, é que ela conduz ao céu pela via do pecado", pelo "avesso das virtudes comuns[25]".

A vergonha segue a queda: caímos fora do mundo, no estado de imundície, e é como se o mundo então encontrasse seu muro, realizando, graças a essa ejeção, sua cosmicidade, a insipidez triste de sua esfericidade.

Genet estava um dia, numa prisão iugoslava, em companhia de ciganos que lá haviam organizado uma escola de batedores de carteira. Ele foi ridículo com sua falta de jeito e viu-se rejeitado daquele pequeno mundo de ladrões. "Fui, por meu horror monstruoso, exilado nos confins do imundo

---

22 *Journal du voleur, op. cit.*, p. 221, e também *Notre-Dame-des-Fleurs, op. cit.*, p. 70.

23 *Journal du voleur, op. cit.*, pp. 258-259.

24 *Pompes funèbres, op. cit.*, p. 61.

25 *Pompes funèbres, op. cit.*, p. 120 e p. 128.

(que é não-mundo), diante dos graciosos alunos da escola de afano [...] Pareceu-me, de repente, graças a uma espécie de lucidez extraordinária, que eu compreendia o sistema. O mundo se reduziu, e seu mistério, assim que dele fui cortado. Foi um instante verdadeiramente sobrenatural, semelhante, quanto a esse desligamento do humano, àquele que me causou a atitude do ajudante-chefe Cesari, na prisão do Cherche-Midi, quando teve de fazer um relatório sobre meus modos. Disse-me ele: 'Essa palavra (ele não ousou pronunciar "homossexual"), se escreve com duas palavras[26]?'".

Os anacoretas cobertos de sujeira, cujas roupas apodreciam sobre eles, os místicos que, como Suso, queriam se fazer, na vontade de Deus, semelhantes a um "trapo no focinho de um cachorro", todos ensinam que a via da beatitude passa pelos caminhos da abjeção consentida. São João da Cruz viveu durante anos num armário debaixo de uma escada. Contam que ele havia atingido um tal apagamento de si mesmo que seus companheiros passavam perto sem vê-lo: ele se reduzira a nada. Santa Tereza rogava a Deus que lhe desse "o desejo sincero de ser desprezada por todas as criaturas". Certos místicos não hesitaram em afirmar que chegariam até a consentir serem danados, se tal pudesse ser a vontade divina. Estes foram prontamente acusados de heresia.

A santidade, sustentava Genet, é como uma obra de arte, imprevisível. Sempre paradoxais, as vias que a ela levam devem ser sempre inventadas. "Se a santidade é meu objetivo, não posso dizer o que ela é [...] exceto que sem ela a minha vida seria vã [...] a cada instante quero criá-la, isto é, fazer com que todos os meus atos me conduzam para ela que ignoro [...] Não existe método [...] Partido dos princípios elementares das morais e das religiões, o santo chega a seu objetivo caso se livre deles. Como a beleza – e a poesia, com a qual eu a confundo –, a santidade é singular. Sua expressão é original. Todavia, ela me parece ter por base única a renúncia. Assim, ainda vou confundi-la com a liberdade. Mas, sobretudo, quero ser um santo porque a palavra indica a mais alta atitude humana, e farei tudo para chegar lá. Para isso empregarei meu orgulho e a isso o sacrificarei[27]".

---

26 *Notre-Dame-des-Fleurs*, *op. cit.*, p. 202.

27 *Journal du voleur*, *op. cit.*, pp. 221-222.

O ascetismo da vida de Genet não devia desmentir essa ambição. Tendo se tornado rico e célebre, mesmo assim viveu numa pobreza voluntária, distribuindo seu dinheiro a seus amantes, e num anonimato que ele preservava sob uma quantidade de falsos nomes (é verdade que era um hábito que lhe restava de seu passado de presidiário em fuga). Ele serviu, sem moderar suas dificuldades, à causa dos deserdados, embora proclamasse que não se teria dedicado aos Panteras Negras, não mais que aos palestinos, se eles tivessem sido menos belos rapazes.

Admitiremos que as vias do Senhor, se existiram, foram aqui bem pouco comuns e poderemos fazer algumas objeções de bom senso a uma concepção da santidade que exalta a covardia e a traição. A abjeção física, dir-se-á, serve à mortificação da sensibilidade, ela opera os desligamentos dos valores demasiadamente humanos. A alma libertada é então entregue inteira a Deus, e é Nele que ela encontra sua felicidade. Nada igual aqui, pois, para Genet, Deus é enucleado (Deus é um buraco com qualquer coisa em volta). Não é no seio da divindade que Genet, abandonado pelo mundo, descobre o êxtase, mas no seio do próprio desespero, pois, aqui, por uma estranha inversão, é a própria derrelição que se transforma em alegria soberana. Aí se separaria o talento perverso, que consiste em transmudar o próprio horror em gozo, da ascese mística, visando purificar a alma de tudo o que a separa de Deus.

Mas talvez uma tal distinção ainda proceda de uma visão conformista da santidade – da via mística, em todo caso. Os maiores não chegaram até à Noite Escura em que tudo mergulha, até Deus, na qual a própria divindade se torna o abismo, transformando-se, segundo Ruysbrœck, num golfo de maldade? Maître Eckhart não dizia que, mais que qualquer outra coisa, a alma devia perder seu Deus, a fim de se estabelecer num livre nada? E quem dirá de que gozava Margarida Maria de Alacoque quando engolia as cascas dos leprosos? Era de Deus ou de ter transposto os limites do horror? Deus mesmo não se tornara, naquele instante, aquela casca nojenta que passava nela como uma hóstia devolvida à sua verdade? Por uma dessas faces – será esse o mistério da Encarnação? –, Deus é uma imundície.

Nesse ponto, Deus e o homem formam apenas um, e cada homem é idêntico a qualquer outro. Os místicos e os perversos são aqueles que ousam mostrá-lo e fazer saber que ali se encontra o mais forte gozo que possa nos caber. No que se engole e se caga, no olhar que é lançado e no grito que é lançado em pura perda, ali se refugia o que resta do gozo que, desde sempre, desertou o Outro, e cujo lugar vazio foi, a Genet, revelado por aquele buraco "com qualquer coisa em volta", ao qual, de repente, se reduziram cálice, rainha de gesso e soldado de chumbo. Deus, um vaso oco, a Mulher, consagrada pela guilhotina, e o pequeno soldado da virilidade que todo homem um dia é chamado a ser: futura carne de canhão.

O santo descarita, dizia Lacan. A palavra-valise sugere um vínculo entre a decadência e a caridade, mas não aquele que se poderia crer. O santo não é aquele que, do alto de seus méritos, condescenderia em socorrer a criatura destituída, a fim de tirá-la de sua abjeção. Decadência e caridade estão do mesmo lado: o dele. É na medida em que ele se sabe um rebotalho da humanidade e que ele mesmo participa de uma certa abjeção que ele pode dirigir-se dignamente à abjeção do outro. "Negligenciemos os teólogos. 'Assumir o peso dos pecados do mundo' significa muito exatamente: experimentar potencialmente e em efeitos todos os pecados; ter subscrito ao mal[28]", chega a dizer Genet, para se fazer ouvir. O amor é o reconhecimento de uma comunidade que visa o ser destituído do outro como idêntico ao meu, e o acolhe. Não o reabilita, pois não se trata aqui de questão de justiça, mas lhe dá o asilo, que é aqui a mesma coisa que o amor.

Descaritar também é assumir por conta de todos, a fim de aliviá-los disso, a invisível decadência de cada um. E é ainda reservar, no seio do mundo, o lugar fora do mundo sobre o qual a universalidade de sua ordem sempre se funda: uma alteridade rebelde, algum gozo inassimilável, alguma singularidade irredutível. É o valor redentor de um pequeno monte de lixo, a porcaria de Saïd, à qual Genet atribuía, em *Os biombos*, a missão de salvar a honestidade da revolução.

Na ambigüidade da palavra "amor", Genet soube distinguir a vertente de Eros e a de Ágape e levar em conta a submissão que o amor deve ao desejo de ser amado, isto é, salvo, arrancado à perda. Desse amor mendicante, ele recusou as doçuras e os engodos para avançar, em sentido contrário, ali onde a miséria do outro encontra a nossa, "viver de cabeça abaixada", e prosseguir seu destino "no sentido da noite[29]".

---

28 *Ibid.*, pp. 220-221.

29 *Ibid.*, p. 104.

"Minha vitória é verbal": os milagres, as inversões triunfais pelas quais a perda e a decadência mudam de signo encontram sua força nas trocas do sentido que possibilitam os jogos da língua. O deslizamento metonímico de uma significação à outra de uma palavra e, sobretudo, os movimentos de báscula do sentido próprio ao sentido figurado são as vias pelas quais se cumpre o triunfo sobre a adversidade. Se as palavras possuem a virtude maléfica de abrir a todo instante uma janela para o horror (despojar a mulher, esfolar o coelho *), em compensação, as situações mais desanimadoras encontrarão uma saída graças aos mesmos poderes do equilíbrio. Assim, Divine, ao perder a dentadura, nem por isso perde a pose, pois, tomada de uma inspiração sugerida pela palavra coroa (dentária), ela logo coloca a prótese sobre a cabeça, proclamando "Serei rainha de qualquer modo[30]", vencendo assim, pela mente, as fatalidades da decrepitude.

Como móveis de mogno no meio de um campo, esse lado "descabido" das palavras é, segundo Genet, a própria essência da poesia. "Num poema, as palavras habituais são deslocadas e recolocadas de tal modo que a seu sentido corrente um outro se acrescenta: a significação poética[31]". "Esfolar o coelho" de novo se inverte, e remete à significação espiritual do renascimento, com "despir o velho homem". "Merecer o xadrez" deixa entrever que este possa ser uma recompensa. À leitura, em a Condessa de Ségur, das palavras "um cavaleiro bem montado", faz irrupção uma carga erótica repentina. A coluna dos crimes, no jornal, fará surgir as imagens sadomasoquistas da "coluna sangrenta" à qual a vítima teria sido amarrada. Se o pé-de-cabra se chamar uma pena, escrever um romance terá o mesmo sentido de rompimento gozozo que um "arrombamento". E, graças à expressão "os fastos da corte", a corte de justiça, como o pátio * dos milagres, ganhará um sentido real, os juízes tornando-se cortesãos, todo o aparato desdobrando-se doravante em honra do acusado, cuja majestade é assim

* Nos dois casos, o verbo é *dépouiller*, que tem diversos significados próximos, por exemplo "despojar", "desnudar", "roubar", etc. (NT)

30 *Notre-Dame-des-Fleurs*, p. 119.

31 *Ibid.*, p. 372.

* Pátio e corte em francês são a mesma palavra: *cour*. (NT)

revelada. As felicidades do equívoco permitem a Genet "negar as oposições fundamentais" e, ao mesmo tempo, operar "um deslocamento imperceptível" do plano no qual se vive. Assim se engendra um novo mundo, como se a realidade fosse duplicada de uma outra que seria sua imagem no espelho. Produzir esse mundo ao avesso e passar para o outro lado é evadir-se da prisão do mundo.

Às vezes, apenas a imaginação engendra universos paralelos onde se desenrolam "aventuras consoladoras". "Bastava pouca coisa para que eu deixasse a aventura desastrosa que vivia meu corpo, que eu deixasse meu corpo[32]". Mas acontece de, ao contrário, ser alguma catástrofe, como a prisão de Mignon em *Nossa Senhora das Flores*, que mergulhe instantaneamente num novo universo: o do irremediável. "É o mesmo que aquele no qual estávamos, com isto de particular: que, em vez de agir e de nos conhecer atuantes, nós nos sabemos atuados. Um olhar – talvez seja de nosso olho – tem a acuidade repentina, precisa do extralúcido e a ordem desse mundo – vista pelo avesso – aparece tão perfeita no inelutável que esse mundo só pode desaparecer. É o que ele faz num piscar de olhos. O mundo é virado ao avesso como uma luva. Acontece que sou eu a luva e que enfim entendo que, no dia do juízo, é com minha própria voz que Deus me chamará: 'Jean, Jean[33]'".

Escapa-se do desespero pelas fissuras do sentido, e todas as escapadas são belas, seja pela espécie de levitação produzida por tal gesto de Nossa Senhora das Flores, levantando, no instante de sua condenação, uma mecha de cabelos, ou então, ainda, pela maneira angélica como Bulkaen consegue "manter-se tão elegantemente em equilíbrio acima de sua própria abjeção". Nessas escapadas, queda e vôo se confundem, desprendemo-nos do mundo, mergulhando em suas partes de baixo, e é assim que vamos pelo ar: "Sou levado nessa queda que, cortando por sua própria rapidez e sua verticalidade todos os fios que me retêm no mundo, enterra-me na prisão, no imundo, no sonho e no inferno para enfim aterrizar num jardim de santidade onde florescem rosas cuja beleza – vou sabê-lo então – é feita da

32 *Miracle de la rose,* in *Œuvres complètes*, vol. II, p. 383.

33 *Notre-Dame-des-Fleurs, op. cit.*, p. 159.

bainha das pétalas, de suas dobras, de seus rasgos, de suas pontas, manchas, furos de insetos, marcas vermelhas e até as hastes espumantes com tantos espinhos[34]".

Todos os jogos da inversão, todos os paradoxos da identidade dos contrários estão em ação nessa criação de uma segunda realidade que vem duplicar a primeira na vertical (para cima ou para baixo, como os reflexos na onda) ou na horizontal, a exemplo dessa outra realidade silenciosa, simétrica e invertida que nos apresenta o espelho, cujos jogos podem nos pegar na geleira das ilusões, como quando não encontramos mais a saída do Palácio dos Espelhos de algum parque de diversões. O amor homossexual, que *Adame Miroir* encena, estaria, segundo Genet, preso em tais geleiras que deixam cada um em sua solidão mortal, pois o duplo não deixa lugar para a alteridade do desejo.

Mas essa dupla realidade também pode ser comparada ao forro de uma roupa, o avesso de um tecido ou o interior de um molde ("o inferno é o que está ao avesso ou que vemos de dentro"). Ela seria como que a impressão indireta de nosso mundo, ou ainda como uma mesma realidade dividida, de que as duas metades nem por isso seriam complementares (não mais que a imagem virtual é complementar da realidade). "Vocês estão sós no mundo, a noite na solidão de uma esplanada imensa. Sua dupla estátua se reflete em cada uma de suas metades. Vocês estão solitários e vivem em sua dupla solidão[35]".

Assim, o desdobramento da realidade também se afigura a projeção ou o reflexo da clivagem que duplica Jean interiormente, lhe faz uma lei da traição, e o obriga, sem cessar, a passar do campo dos ladrões ao dos policiais, do amor pelo resistente Jean Decarnin, assassinado, ao amor pelo miliciano visto no jornal de um cinema, e que ele logo imagina ser o assassino de seu amante.

Funerária nos faz assim passar do luto ao erotismo apenas pelo equívoco das palavras que remetem do fasto do funeral à prática da felação. Foi a resposta de Jean Genet à morte de Jean Decarnin, morto por um milicia-

[34] *Miracle de la rose, op. cit.*, p. 392.

[35] *Querelle de Brest, op. cit.*, p. 343.

no durante a Libertação de Paris, perfeita resposta ambígua: a um só tempo homenagem prestada, cerimônia fúnebre e, por seu caráter pornográfico, profanação de sepultura.

O erotismo, o desejo sexual, o falicismo em todos os seus estados são convocados para proteger o enlutado do buraco vertiginoso onde acaba de desaparecer aquele que ele amava. "Meu ódio pelo miliciano era tão forte, tão belo que equivalia ao mais sólido amor. Com certeza era ele quem havia matado Jean. Eu o desejei. Eu sofria tanto a morte de Jean que estava decidido a empregar qualquer meio para me livrar de sua lembrança. A melhor jogada que eu podia armar contra essa gentalha feroz nomeada o destino, que delega um garoto para seu trabalho, e a melhor jogada contra esse garoto, seria impor-lhe o amor que eu tinha pela vítima. Implorei a imagem do garotão: 'Eu gostaria que você o tivesse matado!' [...] 'Mate-o, Riton, eu lhe ofereço Jean[36]'". "Sua beleza e seus gestos eram o contrário da beleza de Jean e de seus gestos", acrescenta ele um pouco mais adiante. Ora, sendo os contrários idênticos, assassinos e vítimas podem ser trocados: "Eu os faço se juntarem em algum lugar[37]".

Se as relações de inversão comandam o uso, tão freqüente em Genet, das metáforas especulares, quando a bipolaridade responde a uma mudança dos valores e constitui pares de opostos (nobre-vil, sagrado-profano, glorioso-abjeto), é o modelo fotográfico que prevalece, como no desenvolvimento de um clichê dito negativo, em que se invertem no papel os valores sombrios e claros. Assim com o santo e o assassino, a vítima e o carrasco, de que um talvez seja apenas o desenvolvimento do outro sob o efeito de um revelador, a essência deles sendo "em algum lugar" idêntica. Os personagens de Dostoïevski, que se prosternavam diante daqueles em quem adivinhavam assassinos, obedeciam a essa mesma lei da secreta identidade dos contrários.

Encontramos, sob a pena de Genet, inversões que obedecem a outros modelos ainda: os que acarretam, numa circularidade infinita, um interminável jogo de báscula, como no jogo de porrinha ou como nesses movimen-

36 *Pompes funèbres, op. cit.*, pp. 11-12.

37 *Journal du voleur, op. cit.*, p. 16.

tos infernais do pensamento, esses paradoxos lógicos que fizeram danar os filósofos, pois eles nos forçam a dizer a verdade quando mentimos e a mentir assim que dizemos a verdade. Russell deu seu nome ao paradoxo que é o modelo deles todos, o do "conjunto de todos os conjuntos que não se compreendem eles mesmos", segundo o qual só nos incluímos no universo à condição de nos excluirmos dele, mas, se fizermos a escolha de nos proteger dele, é para dele logo nos constituirmos prisioneiros. Em outras palavras, estou dentro apenas se estou fora e, mal estou fora, me vejo dentro. "O jardineiro é a mais bela rosa de seu jardim[38]", escrevia Genet, para grande escândalo de Sartre. Da mesma forma, passamos, sem nos darmos conta disso, ao avesso dessas superfícies de pesadelo inventariadas por Möbius, para logo lá nos encontrarmos no direito, já que na realidade elas têm apenas uma única face.

A frase de Genet obedece a essa estrutura. Assim com a descrição da agonia de Divine, em que o crime sexual sugerido pelo violino arrebentado no gabinete do juiz se prolonga nas imagens sulpicianas do Sagrado Coração de Jesus, logo comparado a um cancro sifilítico. Assim, ainda, com a espantosa passagem do *Diário do ladrão*, em que o encontro de uma velha mendiga nas ruas de Barcelona, dejeto humano imbecil, suscita a evocação da mãe que Genet não conheceu, com o cortejo *kitsch* das imagens convencionais da piedade filial (lágrimas, beijos, flores) que, de repente, se transforma num despejo de sujeiras, no qual Genet nos sugere, para acabar, ver a expressão do amor mais autêntico. "Se fosse ela?, pensei afastando-me da velha. Ah! se fosse ela, eu iria cobri-la de flores, de gladíolos e de rosas, e de beijos! Eu iria chorar de ternura sobre os olhos desse peixe-lua, sobre essa face redonda e boba! E por que, pensava eu ainda, por que sobre isso chorar? Foi preciso pouco tempo a minha mente para que ela substituísse essas marcas habituais da ternura por qualquer gesto e até pelos mais criticados, pelos mais vis, que eu encarregava de significar tanto quanto os beijos, ou as lágrimas, ou as flores. – Eu me contentaria em babar sobre ela, pensava eu, transbordando de amor. (A palavra gladíolo pronunciada mais alto lem-

[38] *Pompes funèbres*, *op. cit.*, p. 41.

brou a palavra escarro *?) De babar sobre seus cabelos ou de vomitar em suas mãos. Mas eu adoraria essa ladra que é minha mãe[39]".

Do horrível ao sagrado, do ideal à abjeção, desliza-se sem solução de continuidade, como se passa de uma face à outra de uma banda de Möbius, sem transpor borda alguma.

Sartre batizou "roletas" esses paradoxos que a lógica encontra em seus confins. Não sendo ele mesmo lógico, ele só via nesses círculos falta de seriedade e pendor para o vício. A apologia do crime devia, segundo ele, fatalmente conduzir Genet a cultivar o mal sob todas as suas formas. Para Sartre, não há dúvida alguma de que o paradoxo resulta de um pensamento mal conduzido, assimilável, em suma, aos "maus pensamentos" dos confessores. Que disso se possa igualmente tirar gozo, como manifesta o pendor de Genet, prova a comunidade deles no erro.

Mas os lógicos e os poetas são aqui mais sérios que Sartre, uns e outros marcando-se com a coragem de enfrentar esse "defeito" no cerne do pensamento. Gödel demonstrou a existência incontornável disso em todo sistema simbólico, necessariamente marcado de incompletude. Uma falha interna, um impossível fechamento sobre si caracteriza a linguagem, seja ela natural ou artificial. Sempre, em um ponto pelo menos, o verdadeiro e o falso estão sujeitos a inversão e engendram-se um ao outro, a identidade dos contrários se afirma, ao passo que dentro e fora se conjugam. Por sua vez, os poetas, como Mallarmé e Rilke ilustraram, são conduzidos, à medida do rigor de seu uso da língua, a conviver com esse ponto de abismo, até nele encontrar o centro de sua arte e a força de sua fecundidade.

É dessa mesma falha que o inconsciente faz sua morada. A esse buraco se reduz a existência do sujeito que daí resulta. Sua divisão entre o que ele pensa dizer e o que ele diz, sem nisso pensar, se trai ali onde os planos dos pensamentos conscientes e inconscientes se atravessam, no ponto de emergência do lapso ou do sintoma, ali onde o horror e o riso convivem. O fato de nunca podermos tão bem dizer a verdade senão quando

---

* Em francês há uma certa semelhança fonética entre *glaïeul* [gladíolo] e *glaviaux* [escarro]. (NT)

39 *Journal du voleur, op. cit.*, p. 22.

acreditamos mentir esclarece com outra luz o paradoxo do Mentiroso. Aqui encontra seu motivo estrutural o imaginário infantil da castração que sanciona o erro, assim como o drama vivido na descoberta da fraqueza dos personagens parentais quanto à verdade. De mesma natureza que a falha de toda lógica é a desse Outro, em quem o sujeito busca, em vão, a palavra com a qual ele assentaria seu ser e sua própria completude. É notável que seja nesse ponto que, deliberadamente, Genet escolha instalar a sua subjetividade.

É de uso, desde Freud, dizer que o perverso desaprova a castração. Entende-se por aí que, mais que um outro, ele pretende negá-la ou mascará-la. É esquecer que o desabono não funciona sem a confissão, o que Freud no entanto não tinha deixado de ressaltar, e que manifesta, evidentemente, a particular fascinação, até mesmo predileção pelo horrível, que é encontrado nas diversas formas da perversão. O "milagre de horror", caro a Genet, conjuga assim a confissão e o desabono. Ele responde, a um só tempo, à fixação petrificada no instante em que a castração se revela e à vitória sobre esta, no ponto em que a perda consumida de toda esperança se inverte numa felicidade paradoxal. O desabono da castração não consiste em outra coisa que nessa afirmação, para e contra tudo, do gozo, capaz de brotar do próprio horror pelo qual ela, assim, vence. É aí que se proclama a identidade dos contrários, graças a esse poder de inversão. Nesse ponto de reversão reina a lógica paradoxal da castração, a do "quem perde ganha" do gozo.

Não será espantoso que a verdade do paradoxo, de remeter à castração, tenha sido por muito tempo uma verdade desacreditada, uma verdade que os filósofos, a exemplo de Sartre, se esforçaram em reduzir ao silêncio. Os paradoxos só podiam ser, aos olhos deles, o resultado lamentável de um defeito contingente do pensamento que a lógica devia eliminar. Ora, esta, na medida de seu rigor, a isso sempre levava de modo mais implacável, até encontrar a força de seu progresso. Dessa verdade denegada, esquecida, deixada por conta, dessa verdade deixada no lixo, Genet, o perverso, ostenta o escândalo de que ela possa ser gozoza, ao passo que Genet, o poeta, dela reivindica a responsabilidade. "São somente essas espécies de verdades, aquelas que não são demonstráveis e até que são '*falsas*', aquelas que não podem ser conduzidas sem absurdo até seu extremo sem chegar à negação delas e de si, que devem ser exaltadas pela obra de arte. Elas nunca vão ter a sorte nem o azar de serem um dia aplicadas. Que vivam pelo canto que se tornaram e que suscitam[40]".

O que o paradoxo mostra é também a divisão do sujeito, comumente velada pelo recalque e coberta pela unidade artificial do eu [*moi*]. Divisão que é, ao contrário, em Genet, assumida pelo próprio eu, e sua clivagem entre pólos contraditórios, entretanto reivindicados juntos no vaivém de sua alternância. Tomando o lugar das duas vertentes da divisão subjetiva, as duas partes inconciliáveis de seu eu figuram, sozinhas, a coexistência dos contrários. A falha não é mascarada, mas exibida, como a hóstia partida durante a elevação. "A missa fascina Divine. Lá não se passa nada que não seja muito natural. Cada gesto do sacerdote é claro, tem seu sentido preciso e poderia ser cumprido por qualquer um. Quando o oficiante, para a consagração, aproxima os dois pedaços da hóstia dividida, as bordas não se colam de novo e, quando a eleva com as duas mãos, ele não procura fazer crer no milagre[41]". O milagre, aqui ainda, é que não há milagre.

Não seria a essa problemática da clivagem que conviria ligar a estranha anedota contada por Edmund White? Genet comprara um sala e quarto em Montparnasse, mas não pôde lá morar muito, pois se sentia forçado a um vaivém incessante de uma peça à outra de seu pequeno apartamento. Com efeito, se estava numa, "tinha a impressão de que a outra peça se sentia só e se precipitava em pedido de socorro[42]". Um outro vaivém, aquele na corda esticada, devia mais tarde se tornar, sob a sua pena, a metáfora da atividade artística.

Após o *Diário do ladrão*, Genet parou de escrever durante longos anos. Em 1949, ele fora agraciado pelo presidente da República. Em 1950, era publicado o monumento que Sartre lhe erigira, o *São Genet*, que serviu de prefácio à edição, na Gallimard, de suas obras já "completas". Uma tal canonização tinha alguma coisa de um assassinato. "Você e Sartre", escreve ele a Cocteau, "vocês me transformaram em estátua. Sou um outro, é preciso que esse outro encontre algo a dizer".

---

40 *Ce qui est resté d'un Rembrandt déchiré en petit carrés*, in *Œuvres complètes*, vol. IV, p. 21.

41 *Notre-Dame-des-Fleurs*, *op. cit.*, p. 35.

42 Edmund White, *Jean Genet*, *op. cit.*, p. 441.

Genet conheceu, então, uma travessia do deserto que o fez alcançar uma outra solidão que a do pária, não mais uma solidão de exceção – aquela que, por estar só, faz de nós o único –, mas aquela ligada a esta "ferida secreta" que é a partilha de todos, a essência íntima de cada um, sempre singular, no entanto universal.

"Este é um dos mais emocionantes mistérios: após um período brilhante, todo artista terá atravessado uma desesperante região, arriscando perder a razão e o domínio. Se sair vencedor[43]...". *O funâmbulo* marcou o fim da prova que ele acabava de conhecer. O texto estava consagrado e dedicado a seu amante Abdallah, do qual ele se fizera a um só tempo o empresário e o Pigmalião, e que ele encarregara de unir, pela tensão mortal da dança sobre o fio, os termos antinômicos de sua própria subjetividade. O exercício foi fatal a Abdallah, que não sobreviveu a uma dupla queda. A primeira o estropiou o bastante para que tivesse de renunciar à sua arte, e a segunda foi a seqüência disso: o abandono por Genet, que se apaixonara por um piloto automobilístico em quem ele doravante colocava suas esperanças perdidas. Abdallah, jogado fora, suicidou-se em 1964. Genet, transtornado, fez o juramento de não escrever mais. Só devia rompê-lo com *Um cativo apaixonado*, em favor da causa dos palestinos.

Da mesma forma que o amado, segundo os termos de sua carta a Sartre, devia "reproduzir" o amante, fazer-se seu representante, em outras palavras, sua metáfora, da mesma forma a arte do funâmbulo se torna, no texto de Genet, a metáfora da poesia. O amado tem uma missão: afrontar a morte e vencê-la. Só há uma via para isso: morrer para si mesmo. Pois se trata de reencontrar essa imagem ideal de si, que só se realiza ao preço de seu próprio desaparecimento. Imagem explicitamente fálica, como indica esse corpo de músculos rijos, a desafiar as leis da gravidade, vestido de uma malha envolvendo-o com cores da turgescência, vermelho e ouro como uma flama. "E dança! Mas endurece. Teu corpo terá o vigor arrogante de um sexo congestionado, irritado [...] Mas essa dança [...] é apenas a tentativa de teu corpo de se identificar com a tua imagem[44]...". Ora, identificar-

---

[43] *Le Funambule*, in *Œuvres complètes*, vol. V, p. 26.

[44] *Ibid.*, p. 19.

se com o falo é identificar-se com uma ausência: "Não é tu que dançarás, é o fio. Mas se é ele que dança imóvel, e se é a tua imagem que ele faz pular, tu, onde pois estarás[45]?". Por isso é preciso que a morte do funâmbulo preceda seu aparecimento sobre o fio e "que sua pessoa se reduza cada vez mais para deixar cintilar, sempre mais brilhante, essa imagem de que falo, que um morto habita[46]".

Num pólo (a uma extremidade do fio), o falo, que brilha por sua ausência, ilumina a imagem mortal de um eu ideal, ao passo que, no outro pólo (na outra ponta do fio), surgirão as figuras de uma decadência imunda, de tal modo que a distância máxima engendre a tensão mais extrema (aquela mesma da corda) e suscite a exaltação recíproca das imagens da glória e daquelas da abjeção.

Assim, Genet deseja que, na terra, o acrobata se arraste "como o último, como o mais infeliz dos humanos". "Eu iria mesmo até aconselhá-lo a coxear, a cobrir-se de trapos, de piolhos, e a feder[47]". Encontramos aqui a imagem da velha mendiga das Ramblas de Barcelona, aquela em quem, no *Diário do ladrão*, Genet queria reconhecer sua mãe: "É preciso dizê-lo? Eu aceitaria que o funâmbulo vivesse o dia sob as aparências de uma velha pedinte, desdentada, coberta por uma peruca cinza: vendo-a, saberíamos que atleta descansa sob os trapos e respeitaríamos uma tão grande distância do dia à noite. Aparecer de noite! E ele, o funâmbulo, não mais saber quem seria seu ser privilegiado: aquela mendiga piolhenta ou o solitário brilhante? Ou esse perpétuo movimento dela a ele[48]?".

Sucessivamente ídolo e dejeto, o funâmbulo, sobre a corda esticada, tem o encargo de unir os dois pólos da solidão humana e de demonstrar-lhe a identidade, a derrelição dos seres desgraçados e destituídos indo ao encontro da solidão brilhante da *star*. E com certeza, entre o ser de rebotalho e o ser de luxo, uma secreta identidade torna possível o movimento que vai de um ao outro: ambos têm como parte serem sem preço e não servirem

---

45 *Ibid.*, p. 12.

46 *Ibid.*, p. 14.

47 *Ibid.*

48 *Ibid.*, p. 20.

para nada. Os dois extremos, como dois marcos que delimitam o campo da utilidade e do valor, estão excluídos desse campo, inúteis como as mulheres das casas de tolerância, caras a Giacometti, que se tornam deusas quando ele as esculpe: "Não é o bordel que [as] livrará de toda atribuição utilitária, fazendo [as] assim ganhar uma espécie de pureza[49]?".

Esses dois pólos antinômicos formam um par que dá a chave daquele que, no *Diário do ladrão*, Jean formava com os malandros musculosos, essas *stars* do asfalto de que ele gostava, ao passo que ele mesmo se descreve revestido dos mesmos trapos piolhentos que os da mãe destituída que ele inventara para si.

Da estrutura da frase às figuras de estilo, a arte poética de Genet consiste num tal movimento perpétuo do dejeto ao ideal. Ele busca seu poder de evocação em sua fidelidade em reproduzir a própria estrutura da subjetividade, dividida entre esses pólos contrários, estrutura que, por ser singular, encontra, no entanto, em cada eco seu, uma vez que a unidade do eu [*moi*] de hábito só faz cobrir a certeza de uma íntima decadência.

Deve ser ela que Genet designa, em *O funâmbulo*, como a ferida secreta por onde cada um conhece a solidão absoluta, "esse castelo da alma[50]". Aqui reside a novidade desse texto em relação às obras precedentes: a solidão diamantina do pária, até então reivindicada com orgulho, se revela da mesma água que a de qualquer um. É que nesse ínterim Genet havia conhecido a travessia de um outro deserto que o da exclusão.

Parece ter sido em 1953 que uma estranha prova, uma dessas experiências que são ditas interiores e que nos assaltam como que de fora, tenha acabado por destituí-lo de sua posição de exceção. Só a convivência com Alberto Giacometti e sua obra, nos anos que se seguiram, lhe permitiu dar novamente sentido ao real devastador que ele havia então encontrado.

Os dois relatos que ele disso faz diferem. O primeiro, tão preciso quanto enigmático, deixa abertos não só o sentido como a ferida: é o de *O que restou de um Rembrandt rasgado em quadradinhos*. O segundo, em *O ateliê*

---

49 *L'Atelier d'Alberto Giacometti*, in *Œuvres complètes*, vol. V, p. 62.

50 *Le Funambule*, *op. cit.*, p. 13.

de Giacometti, mais conciso, é um pouco banalizado pela tentativa de integrar o encontro traumático à experiência ética e estética de seu amigo. As esculturas de Giacometti, cuja solidão trágica não exclui a serenidade, lhe haviam permitido represar a insustentável hemorragia do ser que ele vivia desde 1953, mas ao preço, talvez, de uma sutura que fechava o acesso a uma verdade mais singular.

"Algo que a mim parecia se assemelhar a uma podridão estava gangrenando toda a minha antiga visão do mundo[51]". Foi este o efeito devastador do encontro fortuito, num compartimento de trem, com o simples olhar de um fulano que estava na sua frente. "Quando um dia, num vagão, ao olhar o viajante sentado à minha frente, tive a revelação de que um homem *vale* tanto quanto um outro, eu não suspeitava – ou antes sim, obscuramente eu o soube, pois de repente uma porção de tristeza se abateu sobre mim, e mais ou menos suportável, mas sensível, não me deixou mais – que esse conhecimento acarretaria uma tão metódica desintegração[52]". Uma coisa era certa, "eu não podia mais deixar de ter conhecido o que eu conhecera no trem[53]", acrescenta ele.

O olhar do homem e o dele tinham vindo, por acaso, chocar-se para logo se fundir, dissolvendo brutalmente o bloco de identidade pelo qual cada um se isola de todos os outros. "Seu olhar não era de um outro: era o meu que eu encontrava num espelho, *por inadvertência e na solidão e no esquecimento de mim*. O que eu sentia eu só pude traduzir sob esta forma: eu deslizava de meu corpo, e pelos olhos, no do viajante *ao mesmo tempo que o viajante deslizava no meu*[54]". A imagem do outro, no caso a de um homem antes repugnante, "corpo e rosto sem graça, feio, conforme certos detalhes ignóbil até[55]", tanto quanto o solo juncado de detritos do compartimento, acabava de tomar "por inadvertência" o lugar de sua própria ima-

---

51 *Ce qui est resté d'un Rembrandt...*, *op. cit.*, p. 21.

52 *Ibid.*

53 *Ibid.*, p. 26.

54 *Ibid.*, pp. 22-23.

55 *Ibid.*

gem, como se ele se tivesse visto num espelho sob os traços do outro, como se tivesse trocado seu eu com ele.

Fenômeno, dirão, de despersonalização. É, com efeito, aqui, o edifício da *persona* que se fissura, deixando, atrás da máscara, aflorar como que uma mancha de podridão que não vai cessar de se estender. "A tristeza que se abatera sobre mim é o que me perturbava mais. Desde que eu tivera essa revelação ao olhar o viajante desconhecido, era para mim impossível ver o mundo como antigamente. Nada era seguro. O mundo de repente flutuava. Permaneci um longo tempo enojado com a minha descoberta, mas eu pressentia que dali a pouco ela ia me forçar a sérias mudanças, que seriam antes renúncias. Minha tristeza era uma indicação. O mundo estava mudado. Ele acabava, num vagão de terceira classe, entre Salon e Saint-Rambert-d'Albon, de perder suas belas cores, seus encantos[56]".

São, com os do narcisismo, todos os prestígios da imagem que se desfazem, levando, em seu naufrágio, as próprias condições do erotismo: beleza dos corpos, linhas dos músculos sob a pele, caráter único do ser amado. "A busca erótica, pensava eu, é possível somente quando se supõe que cada ser tem sua individualidade, que ela é irredutível e que a forma física disso dá conta, e só dá conta dela[57]". A forma humana, caso se desfaça, o que resta do amor? E o que resta dos traços que a singularizam, de que ela tira sua unicidade, caso se reduzam à vaidade da pequena diferença em que se funda o narcisismo? "Cada homem talvez tivesse apenas de precioso e de real a sua singularidade: 'seus' bigodes, 'seus' olhos, 'seu' pé aleijado, 'seu' lábio leporino[58]?". Mas o único e sua propriedade se afiguram irrisórios se um olhar bastar para afogá-los em sua baba.

Identidade: a palavra está em duplo sentido e permite passar do que separa ao que é comum, do traço que permite que nos identifiquem, distinguindo-nos de qualquer outro, a esse lugar singular onde todos os homens são iguais: "Aquilo que eu havia conhecido no vagão me pareceu se assemelhar a uma revelação: passados os acidentes – aqui repugnantes – de

---

56 *Ibid.*, p. 27.

57 *Ibid.*, p. 30.

58 *Ibid.*, p. 28.

sua aparência, esse homem escondia, depois me deixava descobrir o que o fazia idêntico a mim [...] Era porque todo homem é idêntico a outro[59]?". E, em caso afirmativo, qual é a natureza dessa espécie de identidade universal, comum a todos os homens, cuja descoberta mergulhava Genet no nojo de si e na desolação e "de que um olhar, em seu abandono, dava conta[60]"? Não é nesse olhar mesmo que convém buscá-la?

Essa equivalência, Genet acreditou "encontrá-la nos Halles*, nos matadouros, no olho fixo, mas não sem olhar, das cabeças de carneiros cortadas, colocadas em pirâmides sobre a calçada[61]". Um olhar morto, para o que se abre portanto, se não for para essa "ferida secreta" em que cada um se refugia quando está só, para essa tristeza no fundo de cada um, que se estendeu, para Genet, como uma mancha de podridão? "Insignificante, essa tristeza? A de estar no mundo? Não outra coisa que a atitude tomada *naturalmente* pelos seres quando estão sós[62]". A não ser que se abra, esse olhar, simplesmente para o vazio, esse "vazio sólido" que Genet encontra quando o medo, a cólera ou o desejo nele dilaceram os falsos semblantes, aqueles mesmo que a arte de Rembrandt atravessa. "Rembrandt! Esse dedo severo que afasta os ouropéis e mostra... o quê? Uma infinita, uma infernal transparência[63]".

Uma vez expulso o traço da diferença que singulariza e distingue, desnuda-se, no abandono do próprio, um lugar de solidão e de vazio, "domínio muito secreto, irredutível talvez", onde se situa a falha de cada um. Nessa superação do plano da identificação, o traço dá lugar ao corte (fenda, ferida), ao qual todo sujeito se reduz para além das máscaras, e que não mais o distingue, mas o separa, o isola, embora seja aquilo pelo que ele é "exatamente" equivalente a qualquer outro.

---

59 *Ibid.*, pp. 23-24.

60 *Ibid.*, p. 24.

* Antigo mercado de gêneros alimentícios de Paris. (NT)

61 *Ibid.*, p. 25.

62 *Ibid.*, p. 24.

63 *Ibid.*, p. 29.

Então, "deve-se entender que o homem busca perder, deixar dissolver-se o que, de alguma maneira, o singulariza *banalmente*, o que lhe dá a sua opacidade, a fim de apresentar a Deus, no dia de sua morte, uma pura transparência, nem mesmo iriada?". "Querer não ser nada[64]", é disso que se trata aqui?

Parar na transparência, no vazio do sujeito, é talvez dedicar-se a desconhecer de que é feita a sua solidão, a saber aquilo que aqui aflora, para além das identificações, e que os ideais da pessoa têm por função mascarar: a causa desse nojo de si e do outro que Genet demonstra, nos antípodas de toda fraternidade, numa palavra, essa podridão que gangrena, para ele, o mundo desde o encontro do olhar do viajante e que forma um dos temas mais insistentes de sua obra.

A bela forma, o envelope liso da pele deixam esquecida a carne, aquela carne vagabunda exposta nos cepos dos açougueiros, da qual Rembrandt fez uma tela tão violenta quanto sua *Lição de anatomia*. Toda carne é fadada à corrupção, espreitada pela podridão.

Quando Rembrandt, com o luto de Saskia, lentamente se desprendeu dos falsos semblantes da representação, sua pintura pôs-se a deixar ver, de través, ao mesmo tempo o vazio da significação e a matéria que surge quando a forma se desfaz, se decompõe. "Passou-se algo de importante: ao mesmo tempo que ele reconhece o objeto, o olho reconhece a pintura como tal. E ele disso não sairá mais. Rembrandt não a desnatura mais ao tentar confundi-la com o objeto ou o rosto que ela está encarregada de figurar: ele no-la apresenta como matéria distinta, não envergonhada de ser o que é. Franqueza dos campos lavrados da manhã, fumegantes[65]". A tristeza do artista, a solidão do rosto que ri, no *Auto-retrato* de Colônia, tudo isso, preso na matéria vermelha do quadro, torna-se como que uma "placenta seca ao sol[66]".

Genet precisará em *O segredo de Rembrandt*, escrito pouco depois, as vias pelas quais a arte do pintor traz, para além da perda dos engodos identificadores, uma justa pacificação.

---

[64] *Ibid.*, pp. 22-23.

[65] *Ibid.*, p. 28.

[66] *Ibid.*, p. 27.

Tudo também começa pelo tormento de um olhar. Mas aqui o pintor, de tanto escrutar-lhe a causa, de tanto trabalhar a visão pela matéria, dela se desfaz, depositando-a na tela. "O drama de Rembrandt parece ser apenas seu olhar para o mundo. Ele quer saber o que está acontecendo, para disso se livrar [...] Rembrandt sabe que está ferido, mas quer sarar[67]".

Seu percurso – do gosto pelo fasto, retratado pelas primeiras telas, à predileção pela humildade dos rostos desfeitos – passa pela cisão lentamente operada entre a matéria e a representação, que o conduz a se libertar de toda "visão diferenciada, descontínua, hierarquizada do mundo: uma mão vale um rosto, um rosto, um canto de mesa, um canto de mesa, um bastão, um bastão, uma mão, uma mão, uma manga de camisa[68]...". Ele acaba assim "por dar como matéria uma importância igual àquilo que ela deve figurar, depois, pouco a pouco, essa exaltação da pintura, como não pode ser feita abstratamente (mas a manga de camisa, em *A noiva judia*, é um quadro abstrato!), o conduz à exaltação de tudo o que será figurado, que no entanto ele quer tornar não identificável[69]".

Rembrandt doravante fará servir o brilho das suntuosidades de outrora à representação das coisas mais miseráveis. "E são os sinais de um fasto exterior que vêm iluminar agora, aqui, qualquer coisa, mas de dentro[70]". A decomposição, a podridão que expõem ao olhar os dois retratos da Senhora Trip tornam-se, então, "uma coisa tão amável quanto qualquer coisa". "Agradável ao olho ou não, a decrepitude é. Logo, bela[71]".

A independência nova da matéria, liberada de sua sujeição à representação, torna caduca a antiga hierarquia entre o nobre e o ignóbil e abre para a revelação da equivalência dos seres. Mas, diferentemente da experiência do trem, que havia mergulhado Genet numa baba onde se aboliam todas as diferenças, desencantado o mundo e decepcionado o desejo, a pin-

---

67 *Le Secret de Rembrandt, op. cit.*, p. 33.

68 *Ibid.*, p. 37.

69 *Ibid.*

70 *Ibid.*, p. 35.

71 *Ibid.*, p. 32.

tura de Rembrandt lhe ensina a igual dignidade de todas as coisas pelo igual esplendor da cor exibida na tela, tal o olhar de um deus que não julgaria. "Cessando de ser 'eu' [*je*], cessando de ser 'você', o sorriso que subsiste é um sorriso igual pousado sobre as coisas[72]". Alquimia da arte: a beleza nasce da aceitação do horror, que é requerido pelo acolhimento do que é. O que chamamos sublimação talvez não seja outra coisa, nisso próxima da transmutação da angústia em gozo, cumprida por outras vias na perversão.

Unindo os contrários pela tensão da corda esticada, o vaivém do funâmbulo que ligava o esplendor e a abjeção dá lugar, com o desaparecimento de toda hierarquia, a outro vaivém, o do olhar do artista indo do modelo ao quadro enquanto a mão vai da paleta à tela. "Rembrandt", escreve Genet, "é o único pintor no mundo respeitoso a um só tempo em relação à pintura e ao modelo[73]". Mas para isso era preciso que maldade, vaidade, erotismo até, tivessem se consumido, e que ele mesmo se tivesse reduzido a não ser mais senão um olhar e uma mão, que ele tivesse "quase completamente desaparecido, indo do leito ao cavalete, do cavalete à latrina[74]", e se tivesse por inteiro "juntado, no encaminhamento tranqüilo, seguro, da mão. Mais que isso no mundo: esse tranqüilo vaivém arrepiante em que se transformaram todos os fastos, as suntuosidades, todas as obsessões[75]".

"Como você é bonito. Como todo mundo, hem? Nem mais, nem menos[76]", disse um dia Giacometti a Genet, que posava para ele. O amor, o desligamento, a bondade ("aqui, é igual") que a arte de Rembrandt demonstrava, acolhendo todas as coisas, dando sua dignidade à mais humilde, Genet devia reencontrá-los, idênticos, no escultor de quem ele se tornou amigo. O encontro com Giacometti, contemporâneo da experiência desoladora do trem, trouxe-lhe um poderoso socorro.

---

72 *Journal du voleur*, *op. cit.*, p. 229.

73 *Le Secret de Rembrandt*, *op. cit.*, p. 35.

74 *Ibid.*, p. 37.

75 *Ibid.*, p. 38.

76 *L'Atelier d'Alberto Giacometti*, *op. cit.*, p. 71.

O olhar do viajante nele havia engendrado "o doloroso sentimento de que qualquer homem "valia" *exatamente* quanto qualquer outro". Ora, essa revelação desesperante, Genet a encontrou, pacificada, sublimada, na obra do amigo. "O olhar de Giacometti viu isso há muito tempo, e é o que ele nos restitui. Digo o que sinto: esse parentesco manifestado por suas figuras parece-me ser esse ponto precioso onde o ser humano seria trazido ao que ele tem de mais irredutível: sua solidão de ser exatamente equivalente a qualquer outro[77]".

Miséria, infelicidade, maldade, feiúra, tudo o que faz o fundo da solidão humana torna-se, sob os dedos do artista, "realeza secreta". O cão errante em quem se reconhecera Giacometti ("Um dia, vi-me na rua assim. Eu era o cão") e do qual ele fez um bronze, "se ele foi primeiro escolhido como sinal de miséria e de solidão", é transfigurado numa "rubrica harmoniosa", num "insubstituível arabesco", escrita da ferida singular e "magnificação suprema da solidão[78]".

Ao oposto dos traços identificadores (bigode, pé aleijado...) de que se sustenta o narcisismo, o traço do artista inscreve o corte da diferença pura no ponto em que ele toca no universal, tendo "sabido afastar o que incomodava seu olhar para descobrir o que restará do homem quando os falsos semblantes forem retirados[79]". A arte de Giacometti é uma escrita do real, uma vez que o real não é outro senão esse resto irredutível que Genet nomeia solidão. "Sou só, parece dizer o objeto, logo, preso numa necessidade contra a qual você não pode nada. Se sou apenas o que sou, sou indestrutível. Sendo o que sou, e sem reserva, minha solidão conhece a sua[80]".

Essa solidão, o olhar de Giacometti a restitui às coisas, e é por isso que ele as diviniza. Em sua nudez desligada de toda significação social ou utilitária, uma "cocote" torna-se uma deusa. Um quarto qualquer, se nele pusermos uma estátua de Giacometti, transforma-se num templo. Próxima

---

77 *Ibid.*, p. 51.

78 *Ibid.*, p. 52.

79 *Ibid.*, p. 41.

80 *Ibid.*, p. 73.

da arte egípcia, que, do fundo dos tempos, punha em marcha os deuses e os mortos, a arte de Giacometti é, conforme os termos de Genet, que nela encontra a bipolaridade que lhe é cara, uma arte "de mendigos superiores[81]". Funâmbulas também, as figuras do artistas vão e vêm do mais longínquo ao mais próximo. Não cessam de se precipitar sobre nós a toda velocidade e de recuar a uma distância infinita, "numa corrida vertiginosa e ininterrupta de um passado a um futuro, numa oscilação de um extremo ao outro, impedindo o repouso[82]".

Nenhum malefício, nenhuma malignidade nessa arte que avança para além dos falsos semblantes como da fascinação pela infelicidade. "Todo objeto desenhado ou pintado por Giacometti nos propõe, nos endereça seu pensamento mais amigável, mais afetuoso. Ele nunca aparece numa forma desconcertante, *ele nunca se quer monstro*[83]! Ao contrário, de muito longe ele traz uma espécie de amizade e de paz que tranqüilizam[84]". Não que ela seja devida a alguma humanização das coisas. Giacometti recusa "depositar sobre o objeto a mínima tinta – ainda que delicada, cruel ou contraída – humana[85]". Sua lição foi, para Genet, a de uma arte desligada do humano assim como do monstruoso (mas não é a mesma coisa?), purificada do horror assim como de qualquer gozo maligno, longe dos falsos semblantes assim como de toda perversão.

Após anos de silêncio, marcados pelo encontro do olhar do viajante que arruinara a sua antiga visão do mundo e pelo encontro do olhar calmo que a arte de Rembrandt e a de Giacometti pousavam sobre as coisas (depois do veneno, o antídoto), Genet pôde recomeçar a escrever. Sua renúncia a acampar em posição de exceção, de certo modo a "se querer monstro", torna-se sensível, após *O balcão.* O conjunto de seu teatro traz, então, o teste-

[81] *Ibid.*

[82] *Ibid.*, p. 58.

[83] Nós é que sublinhamos.

[84] *Ibid.*, p. 72.

[85] *Ibid.*, p. 73.

munho de um trabalho com e sobre os falsos semblantes, que os exalta e os denuncia, joga com eles e deles goza e, com esforço, os usa e deles se desfaz.

Mas Genet não conseguiria nunca de sua obra expulsar todos os venenos, nem reduzir a solidão das coisas e dos seres apenas com o corte, apenas com o traço da escrita, talvez por ter acreditado até o fim, conforme as palavras de Edmund White a respeito de *Os biombos*, na "importância redentora de 'um montinho de lixo[86]'". Talvez seja nesse apego ao mito da redenção ("*père-version*" por excelência) que convém situar sua fidelidade à sua posição primeira e a derradeira muralha de seu gozo.

"O que não se consome apodrece", escrevia Caillois. Se as esculturas de Giacometti se aparentam, segundo Genet, com os resíduos incorruptíveis de alguma radical consumação ("as flamas apagadas, devia restar isso[87]"), a obra dele, até as derradeiras peças de teatro, mostra a escolha obstinada da podridão. É ela que será redentora.

Mas o que se trata de salvar? O teatro de Genet dedica-se a demonstrá-lo: a ordem simbólica está podre. A Lei do significante está corrompida e é corruptora. E é de tanto apenas corromper, de tanto apressar a sua decomposição, de aumentar do lado da podridão, que algo poderá disso ser salvo, nem que seja a sua verdade.

O significante é bipolar, ele funciona por par em que cada termo mantém seu ser apenas pelo outro: é este seu defeito e é nisso que ele participa do falso semblante. Há uma hipocrisia do significante ligada ao fato de que seu ser está sempre em outro lugar, em seu exato oposto. Não há patroa sem a empregada, não há juiz sem delinqüente, não há confessor sem pecadora, não há general sem seu cavalo: "Meu ser de juiz é uma emanação de teu ser de ladra. Bastaria que recusasses... mas não tentes!... que recuses ser quem és – o que és, logo, quem és – para que eu cesse de ser... e que eu desapareça, evaporado. Acabado. Volatilizado. Negado[88]".

Os pilares da ordem estabelecida, que não é outra que a ordem das palavras, sustentam-se daquilo cujo desaparecimento desejam com vonta-

[86] Edmund White, *op. cit.*, p. 478.

[87] *L'Atelier d'Alberto Giacometti*, *op. cit.*, p. 55.

[88] *Le Balcon*, in *Œuvres complètes*, vol. IV, pp. 52-53.

de: o mal, o crime, o pecado. O branco, para ser ainda mais branco, precisa do preto. Sempre ligado à representação, profundamente teatral, o significante é votado ao aparato, às aparências. O verdadeiro-falso é seu domínio: basta, aliás, que uma coisa seja marcada com alguma falsidade para que ela logo assuma um valor de símbolo. Assim, como nota Lacan a respeito de *O balcão*, a dona do bordel, na qual "tudo é falso exceto as jóias", está disposta por aí mesmo a encarnar o puro símbolo vazio do poder: o da realeza.

Mas o que demonstra também *O balcão* é que há um gozo do significante: aquele que brota quando é levado à incandescência por sua libertação de seu valor de significação, de sua dimensão utilitária. E o gozo aqui junta-se ao ser. Assim, o falso bispo de *O balcão*, aquele que goza de se revestir com os ornamentos sacerdotais, afirma realizar bem mais a essência episcopal do que aquele que exerce essas funções. "Para me tornar bispo, eu deveria ter-me esforçado em não sê-lo, mas em fazer aquilo que a isso me conduzia [...] uma função é uma função. Ela não é um modo de ser. Ora, bispo é um modo de ser. É um cargo. Um fardo. Mitra, rendas, tecido de ouro e pedrarias, genuflexões... Às latrinas a função [...] Quero ser bispo na solidão, apenas pela aparência... E, para destruir toda função, quero trazer o escândalo e te foder, puta, putinha, putona, piranha[89]...".

Mas, se é no bordel que se goza do significante em estado puro, esse próprio gozo é demonstrativo de sua existência latente, velada, no exercício de toda função simbólica. O bispo, o verdadeiro, também goza, ainda que sem saber, na medida em que sua função põe em jogo o semblante. A hipocrisia própria à lei significante, como aos significantes da lei, reside no gozo do semblante que a ela se liga.

Ambigüidade do gozo: é ele o que salva a ordem simbólica, a redime, lhe dá seu preço, é ele aquilo cuja falta tornaria vão o universo dos signos, ou então, ao contrário, é ele o que lhe trai a corrupção intrínseca, esse "algo de podre no reino da Dinamarca" que lhe mina os fundamentos e o invalida?

Genet, por sua vez, é um puro. Ele recusa a mistura infame da lei e do gozo. Ele recusa ser a vítima dos falsos semblantes do significante e rejeita a "impostura" que consiste em fazer passar o gozo sob a responsabi-

---

89 *Ibid.*, p. 44.

lidade da lei. A seu ver, esta última só pode ser invalidada por um gozo que se vê ele mesmo endividado por seu vínculo com o semblante.

E se, na infância, ele escolheu a abjeção é que esta representa, no seio de um mundo cuja ordem está corrompida, o último refúgio da pureza.

Assim declarava ele a Robert Poulet a respeito de sua homossexualidade: "Pois é! sou pederasta. Mas o sou com rigor e lógica... O que é um pederasta? Um homem [...] que, por sua natureza, se opõe à marcha do mundo, que se recusa a entrar no sistema em vista do qual o mundo está organizado. O pederasta recusa isto, nega isto, abala isto, queira ou não. Para ele o sentimento é apenas bobagem e enganação; só existe o prazer. Viver de surpresas, de mudanças, aceitar os riscos, expor-se às afrontas, é o contrário da exigência social, da comédia social [...] Minha imaginação está mergulhada na abjeção, mas, nesse ponto, ela é nobre, é pura. Recuso a impostura; e, se às vezes exagero ao lançar herói e aventuras no horrível ou no obsceno, é no sentido da verdade[90]".

Sobre o fundo dessa escolha decidida da abjeção, nunca desmentida, a posição de Genet quanto à ordem que ele desaprova mesmo assim não vai deixar de ser tão flutuante quanto ambígua.

Vai lhe acontecer desejar ardentemente uma lei pura e dura, que magnificaria da mesma forma o crime, o qual, em contrapartida, por sua irradiação, a exaltaria. Esse tema paulino, no sentido contrário do humanitarismo ambiente, é o de "O menino criminoso", que a censura, no último momento, impediu Genet de ler no rádio. "Quem quer que", advertia ele, "pela doçura ou pelos privilégios tenta atenuar ou abolir a revolta, destrói para si todas as chances de salvação[91]". O criminoso é aquele que teve "a audácia de romper com o todo-poder do mundo[92]". Mas esse todo-poder, não é ele – pelo castigo em que incorre, pela pena que recebe, sobretudo quando é capital – que é dele a mais segura demonstração e a mais bela ilustração? Por isso o menino criminoso exigirá "que os trabalhos forçados

---

90 *Bulletin de Paris*, nº 145, pp. 10-11, citado por Edmund White, *op. cit.*, p. 185.

91 *L'Enfant criminel*, in *Œuvres complètes*, vol. V, p. 388.

92 *Ibid.*, p. 388.

a que foi condenado sejam ferozes. Dignos, enfim, *da dificuldade que teve* para conquistá-los[93]".

Não teve o próprio Genet tanta dificuldade para forçar a lei a se elevar à pureza feroz da tautologia?

Encontramos em *Os biombos* a aspiração a essa tensão máxima dos contrários, que é obtida por uma purificação de cada termo, levado à incandescência do absoluto. Assim, os colonizados servirão à ordem dos colonizadores à medida de sua conformidade com o que essa ordem rejeita. A família dos Orties, cujos membros são inassimiláveis, irrecuperáveis, e que se querem, no próprio seio de sua comunidade, como os montes de lixo relegados às cercanias das aldeias, representa a quintessência dessa "sujeira" que tem por missão exaltar a ordem de que ela é o dejeto. Saïd, a mãe, Leila assumem "todos os piolhos do mundo". Como diz o banqueiro de *Os biombos*, "*eles polarizam*": "Como o mar se retira, eles se retiram de nós, levando com eles e sobre eles, como tesouros, todas as suas misérias, as suas vergonhas, as suas cascas... como o mar se retira, nos retirando em nós mesmos, reencontramos nossa glória, nossa lenda. O que era detrito, eles o levam. Eles nos passaram no pente fino[94]".

Giacometti havia escolhido reduzir o gozo a seus efeitos de ravinamento, ao rastro deixado por sua fulminação. "As flamas apagadas, era o que devia restar", suas esculturas, "resíduos de um cozimento terrível[95]". Genet, por sua vez, tomou o partido da podridão, não tanto para denunciar a podridão da ordem simbólica quanto para purificá-la disso. Graças à "polarização", Saïd assume a culpa do gozo, inassimilável, escandaloso, a fim de que todo o podre fique de um lado, a fim de que a lei enfim seja o que deveria ser, pura de toda acomodação, um absoluto. Mas, assim fazendo, ele não pode deixar de denunciar a abjeção de uma ordem que encontra a sua legitimidade no que rejeita. A Lei só pode estar intimamente comprometida com o que ela condena.

---

93 *Ibid.*, p. 384.

94 *Les Paravents*, in *Œuvres complètes*, *op. cit.*, p. 55.

95 *L'Atelier d'Alberto Giacometti*, *op. cit.*, p. 55.

Entretanto, a podridão também é o que corrompe, e que, com isso, traz a ruína da ordem que dela se nutre. Ao oposto da polarização, ela engendra a entropia na qual Genet parece ver o próprio processo revolucionário: ela abole as diferenças, as hierarquias, apaga as clivagens. As prostitutas de *Os biombos* tornam-se mulheres simples, os soldados do exército francês começam a prestar aos mortos as honras de uma salva de peidos, ao passo que os vivos e os mortos não estão mais separados a não ser pela estreiteza de um biombo. A ordem e a lei enfim atingem o grau de apodrecimento em que se decompõem antes de desaparecer.

Abolida a colonização, a revolução dará lugar a uma nova ordem, quem sabe mais pura, mais justa. Mas que seria apenas mais temível por ser sem resto e por não admitir mais em seu seio a desordem que a impedirá de ser total, isto é, mortal. Deve ser esta a mensagem de *Os biombos*: "Os senhores de outrora dirão aos senhores de hoje que nada deve ser protegido como um montinho de lixo... Que ninguém nunca jogue fora todas as suas imundícies...". "E, se um dia o sol caísse em chuva de ouro sobre nosso mundo, nunca se sabe, reservem num canto um montinho de lama[96]...".

No momento em que sustentava a luta dos palestinos, Genet declarava que, no dia em que eles estivessem institucionalizados, ele não estaria mais ao lado deles[97].

Assim, a podridão serve à lei, não tanto por exaltá-la quanto por opor-lhe um salutar desmentido, ao trazer um limite a seu poder mortífero, nisso fazendo obra de amor. A podridão, em suma, seria evangélica.

"Quero que seja a minha podridão que apodreça meu país[98]", declarava, em *Os biombos*, a mãe, tomada de um impulso de patriotismo paradoxal que Genet não teria desaprovado. Pois seu estilo, fazendo servir suas belezas para glorificar a abjeção, não consiste em corromper sutilmente a língua francesa[99], e em lhe prestar, assim, a homenagem do mais belo amor?

---

96 *Les Paravents*, *op. cit.*, p. 366.

97 "Entretien avec R. Wischenbart e L.-S. Barrade", in *L'Ennemi déclaré*, Gallimard, 1991, p. 282.

98 *Les Paravents*, *op. cit.*, p. 324.

99 Cf. "Entretien avec M. Manceaux", in *L'Ennemi déclaré*, *op. cit.*, p. 56.

O erotismo da desolação

"Tudo o que não se consome apodrece".
Roger Caillois, *O homem e o sagrado*.

Mishima partilhou com Gide a amarga certeza de estar "foracluído". Ambos, objetos exclusivos de uma solicitude feminina estreitamente fechada neles, conheceram uma infância enfermiça, atravessada por um erotismo precoce, solitário tanto quanto associado às representações mais incongruentes. A contenção dos corpos, imobilizados por uma vigilância poucas vezes relaxada, desforrou-se nas distâncias da imaginação, que não foi temperada pela convivência com um semelhante. A Mishima, como a Gide criança, faltou a imagem de si que formamos à imitação de um outro em quem nos reconhecemos. Esses meninos não tinham seu igual: é que não tinham semelhantes. Objetos, no entanto, de um tão grande apego, foi como se lhes tivesse faltado o amor que compara e, por aí, insere na comunidade fraterna. Único, cada um era sem igual, privado de rival. Esse amor não lhes havia dado contorno, como se, neles, ele tivesse se dirigido a algo que não tem forma e não traz nome.

Dessa falta de imagem toma origem, talvez, o que, de hábito, chamamos o narcisismo dos homossexuais. Em busca de si mesmos: não tanto da imagem perdida do filho querido da mãe quanto do que nunca adveio para dar figura humana a esse amor. Para eles nunca poderão ser desemaranhados desejo de ter e desejo de ser, a aspiração à posse e a aspiração a uma inacessível confraternidade.

O menino solitário olha os outros brincarem através de um vidro. Ele sabe que vai ser sempre assim. Um sortilégio o separa da humanidade comum, um direito fundamental lhe foi recusado: o de partilhar a sorte comum, os gozos e as penas de todos. Só ele, por exemplo, não poderá comer "peixe de pele azul", nem, mais tarde, se casar com a jovem por quem está apaixonado: inexplicável impossibilidade. Sobre ele pesa um risco de morte em nome do qual ele tem de ficar ao abrigo de toda vida, suspeita de ser a fonte de uma contaminação fatal. Mas o que fazer quando se secreta o próprio veneno?

Kimitaké Hiraoka, o futuro Mishima, foi criado, tal como o herdeiro do trono imperial, num quarto escuro. Cinqüenta dias após seu nascimento, foi seqüestrado de sua mãe pela avó: no Japão, a mulher um dia acaba tendo todos os poderes, pois àquela que não tem direito algum acaba-se tudo devendo. Esse menino, primogênito, foi assim sacrificado como as primícias da colheita. A senhora, que sofria de terríveis nevralgias, o trancou com ela longe do barulho e da luz. Com freqüência, de noite, o menino a ouvia gritar de dor. Um tal sofrimento era como um abismo onde ele teria sido jogado, na esperança de uma improvável reparação.

Para o menino que conhece o abandono de ser a coisa do outro, a doença é quase sempre o único apelo de desamparo. Kimitaké tornou-se vítima de alergias violentas. Ao menos uma vez por mês, ele oferecia todos os sinais do envenenamento e achavam que ele ia morrer. Falou-se de auto-intoxicação, e o domínio da avó ali encontrou um álibi para se estreitar mais. A doença do menino acabou justificando sua reclusão. Foi sua única rebelião, que só serviu, como de costume, para sujeitá-lo um pouco mais. Todos se admiravam por ele não se queixar nunca do regime da avó e aceitar de bom grado a exclusão da vida familiar em que estavam, com os pais, o irmão e a irmã mais novos. Seu estoicismo era motivo de espanto. Seu rosto impávido evocava, diziam, as máscaras do teatro nô. Nada o abalava, não parecia nem emocioná-lo. Um dia em que seu pai, querendo "aguerri-lo", o ofereceu com grande esforço ao sopro violento de um trem que passava em grande velocidade, ele não obteve daquele menino estranho nem mesmo um batimento dos cílios[1].

---

1 John Nathan, *La Vie de Mishima*, Gallimard, 1980, p. 30.

Para além dos malefícios da contenção física provocada por esse quase seqüestro, ser um objeto de apropriação, tratado como um bem que é disputado ou que é negociado, deixa pouca saída ao desejo, a não ser pela própria erotização da condição que lhe é imposta. O estremo desapossamento de si tornou-se, assim, diversamente transposto, o tema recorrente do teatro mental do menino Mishima. A evocação de uma sorte que vivemos e que se decidiu sem nós, de uma tarefa penosa ou de uma missão perigosa, como limpar esgotos ou ir para a guerra, causava nele uma mágoa voluptuosa. A representação da morte heróica ou sacrificial levava a excitação sensual a seu auge.

Uma primeira cena, que a *Confissão de uma máscara* situa como originária, realizou de um golpe a união dilacerante da abjeção e da glória, do erotismo e da desolação. Aos quatro anos, o encontro com um jovem latrineiro com quem cruzou na estrada fixou o desejo do menino numa visão definitiva como uma vocação. A beleza do rosto de faces rubras, do corpo ágil nas roupas sujas de algodão, a equilibrar com destreza sobre o ombro dois baldes cheios de excrementos, devia mais tarde se desprender do fundo de sua memória, com a precisão luminosa, a clareza quase surreal que caracteriza essas "imagens fixas" de que Freud fala a respeito das lembranças-telas [*souvenirs-écrans*]. A calça colante e o estranho ofício do latrineiro imediatamente se tornaram para o menino o objeto duplo de uma fascinação irremediável: dali por diante, quer "ser ele", como ele tornar-se coletor de excrementos, e como ele vestir aquela roupa que desenha os quadris. Esse desejo se impõe como uma dor aguda, como "o violento desejo de uma mágoa amarga[2]". Na intimidade do perigo mais escuro, o latrineiro, que em japonês é chamado "apanhador de terra noturna", ao menino parecia cumprir um ofício heróico aparentado ao martírio. Sua graça radiante era aquela que é conferida pelo soberano desligamento de quem consentiu no sacrifício de si, pois é ao "amor malevolente da Terra Nutriente[3]" que seguramente o fadava sua temível missão. No Japão, o excremento é o símbolo da terra.

---

2 Yukio Mishima, *Confession d'un masque*, Gallimard, Col. "Folio", 1971, p. 16.

3 *Ibid.*

"Essa imagem", escreve Mishima na *Confissão de uma máscara*, "é a mais antiga daquelas que não cessaram de me atormentar e de me assustar durante a minha vida inteira[4]". Imagem-programa que fixava um destino e o anunciava, tal um "menu" que sua vida inteira devia passar a decifrar até que tudo fosse consumido.

O abismo da Terra-Mãe, como uma goela aberta acima da qual toda vida estaria suspensa, convoca certos seres a assumir o encargo de sua insaciável cobiça, até aspirar nela se jogar. Mas todos os homens, por serem mortais, a isso não estão fadados, para acabarem? Não somos, segundo as palavras de Mishima, "forragem para guarnecer uma moela[5]"?

Uma particularidade mal conhecida da sociedade japonesa, intimamente ligada a seus fundamentos religiosos, talvez explique que o latrineiro tenha sido aureolado, aos olhos do menino, com uma aura trágica. Cercada de um silêncio feito de vergonha misturada de negação [*déni*], ainda hoje existe, no Japão, uma casta de intocáveis, os *burakumin*. Descendentes de antigos párias fadados às tarefas impuras, as que põem em contato com o sangue e a morte, a podridão e os excrementos, os *burakumin*[6] continuam a ser marcados de exclusão quanto às alianças e ao trabalho, apesar da ab-rogação legal, há mais de um século, do regime das castas. Agências de informações costumam ser encarregadas, pelos empregadores ou pelas famílias, de pesquisar sobre as origens de um candidato ao emprego ou ao casamento, a fim de descobrir uma ascendência suspeita. "Queira ver se ele não é um pouco diferente?[7]", pede-se ao pesquisador. O nome de *burakumin* não é pronunciado, sinal de seu caráter tabu. Acredita-se que admitir na família ou na empresa um descendente desses párias seria nela fazer entrar a sujeira e a maldição.

Os *burakumin* se dividem em dois grupos de estatuto distinto: os *eta*, os "impuros", os que são cheios de sujeiras, e os *hinin*, os "não-humanos".

---

4 *Ibid.*, p. 15.

5 *L'Ange en décomposition*, Gallimard, 1980, p. 223.

6 Jean-François Sabouret, *L'Autre Japon, les burakumin*, Maspero, Col. "La Découverte", Paris, 1983.

7 *Ibid.*, p. 79.

Os primeiros exerciam os ofícios que põem em contato com o sangue, a morte e os dejetos. Eram açougueiros, curtumeiros ou sapateiros, coveiros, guardiães de cemitérios, lixeiros e latrineiros. Suas habitações eram relegadas à periferia das cidades e das aldeias, na encosta das montanhas ou perto do leito dos rios: esses guetos ainda subsistem. O centro das cidades lhes era proibido, bem como se aliar fora da comunidade ou exercer outros ofícios que os que lhes eram reservados. Era-se *eta* de nascimento, à diferença dos *hinin*, os "não humanos", provisoriamente cortados da comunidade humana por algum ato delituoso ou alguma atividade impura. Deles faziam parte a gente do espetáculo, os mágicos e as prostitutas. A presença destes era admitida no centro das cidades. Os *hinin* seriam os inventores do teatro *kabuki*. Deve-se aos *burakumin* a arte dos jardins.

Um sociólogo japonês[8] ressaltou o parentesco topológico do Imperador e dos *burakumin* na sociedade japonesa. Se compararmos esta ao que se chama, em matemática, um conjunto aberto, que se define por excluir seus próprios limites, eles constituem, para "cima" e para "baixo", os pólos exteriores, as bordas. A um só tempo estranhos à comunidade e fundando-a por sua própria exclusão, o Imperador e os *burakumin* participam do sagrado, por excesso de pureza de um lado, de impureza do outro, e se encontram numa igual periculosidade para os homens comuns. Ambos partilham uma função de bode expiatório, responsabilizando-se pela unidade do grupo através do sacrifício de si.

É conhecida a ambivalência original da noção de sagrado, que designa "aquele ou aquilo que não pode ser tocado sem ser sujado ou sem sujar" (Ernout e Meillet). Assim, Roger Caillois notava que a existência profana estava limitada por duas exclusões, a do puro por sua proximidade com os deuses, e a do impuro pelo que aproxima do animal e lembra ao homem sua condição de ser vivo: o sangue das regras e do parto, o cadáver. "É notável que os mesmos interditos que preservam da sujeira isolam a santidade e protegem de seu contato. O soberano-deus de tipo Mikado, como a mulher indisposta, não deve tocar o sol ou expor-se aos raios de sol[9]". O

8 Masao Yamagoshi, "La royauté japonaise", in *Esprit*, nº 2, Paris, 1972, pp. 315-343.

9 Roger Caillois, *L'Homme et le Sacré*, Gallimard, 1976, pp. 52-53.

sagrado é bipolar. Ele é feito de dois abismos que talvez sejam apenas um, a sujeira invertendo-se em benção, o impuro tornando-se a via da purificação. A palavra grega ἄγοζ não designa a um só tempo a sujeira e o sacrifício que a apaga? Se a lei fundadora da ordem humana é sagrada, sua transgressão também o é, e a pompa dos príncipes é só a face luminosa do lixo. No Gólgota também, o ladrão e o filho de Deus estavam lado a lado. Sobre fundo vermelho e preto, a coroa de espinhos do Cristo aliás serviu de emblema à bandeira da *Suiheisha*, o movimento de defesa dos *burakumin*, fundado em 1922. Ele foi conservado pela BKD, que o sucedeu e que, ainda hoje, luta contra a discriminação.

O puro e o impuro, seu vínculo com o sangue, com a morte, com o sacrifício estão no coração da obra de Mishima. O encontro fatídico com o jovem latrineiro de faces rubras aparece, sob essa luz, como o emblema de uma vocação de pária. Em lugar algum é encontrada, sob sua pena, menção aos *burakumin*, mas não há um japonês para quem a figura do coletor de excrementos não esteja associada a esses intocáveis. O horror que inspiram dá seu sentido ao gesto da mulher, mãe ou governanta, que puxa violentamente a criança para trás à passagem do rapaz.

E como não pensar nestes outros *burakumin* que são chamados os *hinin*, os não humanos, a respeito de Tenkatsu, célebre mágica que o menino da *Confissão de uma máscara* admira no palco de um teatro? Sua maquiagem violenta, seus braços carregados de jóias brilhantes, suas roupas de cores gritantes o fascinam. Ele é tomado pela "harmonia melancólica" liberada por "essa espécie de brilho insolente dado pelas bugigangas[10]". De imediato, ele deseja "tornar-se Tenkatsu" e sente obscuramente a diferença entre esse desejo e o de "tornar-se latrineiro", aqui faltando a "qualidade trágica". "Ao desejar tornar-me Tenkatsu, eu não tinha de saciar essa amarga mistura de desejo e vergonha[11]".

Pouco tempo depois, ele penetra no quarto da mãe, pega seu mais suntuoso quimono, enrola um *obi* feito um turbante, passa pó no rosto e,

---

[10] *Confession d'un masque, op. cit.*, p. 23.

[11] *Ibid.*, p. 24.

feliz, vai correndo à casa da avó, gritando: "Sou Tenkatsu". É brutalmente trazido à realidade ao ver a mãe pálida e baixando os olhos. "Entendi", diz ele. "As lágrimas me encobriram a vista[12]". Mas entendeu o quê? Qual era, para essa mãe, a vergonha maior: que seu filho se tivesse vestido de mulher ou que assumisse o papel de uma *hinin*? Segundo pesquisas recentes, em sua ascendência Mishima teria tido *burakumin*.

Entretanto, do lado de "tornar-se Tenkatsu", a vergonha parece continuar sendo a do outro, e o menino não renunciou aos prazeres do transvestismo, que simplesmente passaram à clandestinidade. Cleópatra, vista no cinema, tomou o lugar de Tenkatsu, com a cumplicidade do irmão e da irmã, participando do vestir. O olhar de um outro parece aqui solicitado, ao passo que "tornar-se latrineiro" permanece confinado no segredo do íntimo. "Tornar-se Tenkatsu" continuava sendo confessável e permitia escapar da amarga vocação para o sacrifício que implicava o "tornar-se latrineiro". "Ser Tenkatsu" era deter os poderes de baixo, dispor da magia dos falsos semblantes, era estar libertado do "destino trágico" do primeiro.

Tomando raiz no sentimento de estar foracluído, desenvolveu-se, ao longo da infância de Mishima, uma identidade de pária à qual a lenta descoberta da homossexualidade mais tarde só fez dar um sentido. A surda convicção de ser diferente, subtraído à sorte comum, habitou sua juventude, retendo-o sempre no limiar dos engajamentos, guerra, casamento, profissão, e constitui um *leitmotiv* da *Confissão de uma máscara*. Considerando esse sentimento de trágica exclusão, tornar-se escritor representou uma via de retorno, uma maneira de encontrar lugar à parte entre os homens, mas lugar mesmo assim, uma maneira de "ser Tenkatsu" e de exercer os poderes bem reais da ilusão, embora retardasse o cumprimento de um destino fatal.

Ser romancista, homem de teatro, ator, como foi Mishima, é representar recursos da ficção e jogos da ilusão para criar essa coisa que não é uma coisa ("a thing which is not a thing"), uma obra, um fetiche, a falsa jóia que, em cena, tem mais brilho que a verdadeira. A identificação de Mishima, como escritor, com a figura de Tenkatsu, a mulher do fetiche, é confirmada pelo número de heroínas femininas que, em seus romances,

---

12 *Ibid.*, p. 25.

estão encarregadas de representá-lo: basta pensar em *Após o banquete*, *Uma sede de amor*, ou ainda *A escola da carne*. O valor fetichista adquirido pelas palavras aliás está para ele explicitamente formulado em *O sol e o aço*.

Essa bipolaridade do desejo, sob a forma do duplo voto de "tornar-se latrineiro" e de "tornar-se Tenkatsu", está no fundamento dessa clivagem do eu [*moi*] de que Mishima não devia cessar de sofrer, sua personalidade oferecendo aspectos tão contrários que ele parecia aos outros usar máscaras e, às vezes, ele mesmo não sabia mais qual era seu verdadeiro rosto. Reconhecer a unidade de seu eu permite, a se crer em Freud, evitar a renúncia a desejos incompatíveis e, sobretudo, eludir a realidade da "castração" da mãe e da ameaça que ela faz pesar. A esse respeito, os desejos divergentes de "tornar-se Tenkatsu" e "tornar-se latrineiro" representam duas "soluções", das quais cada uma traz um desmentido à castração materna, e que, embora contraditórias, não menos se reforçam mutuamente, apoiando-se nas duas vertentes do ser e do ter.

"Ser latrineiro", "apanhador de terra noturna", é oferecer-se em holocausto à malevolência da "Terra Nutridora", ao abismo de sua avidez mortífera, é igualar-se, na morte, ao falo ausente, ou ao menos erigir-se como seu substituto, os músculos rijos na roupa apertada, o corpo inteiro tornado fetiche. "Ser Tenkatsu", o ilusionista, é exibir, em compensação, as insígnias do poder, até e sobretudo se forem artificiais, sendo a jóia falsa essencial para indicar seu valor de símbolo. A falsa jóia é aqui exemplar do que é o fetiche quando a mulher com ele se paramenta: a afirmação de seu falicismo logo desmentida, a confissão de sua castração com o mesmo movimento é desconhecida, a união realizada de duas proposições contrárias. Tenkatsu é o ídolo, em seu esplendor de simulacro.

Num caso, o objeto eleito pelo menino fascinado *é* o falo, à condição de possuir o órgão, no outro, o objeto o *tem*, no modo explícito do falso semblante. Uma e outra "solução" libertam da impossível missão do ter e do ser a um só tempo – do ter "de verdade" como homem e do ser para a mãe (ou, como aqui, para a avó) – e salvam da tirania de dever ser realmente esse objeto de sacrifício dedicado à falta do Outro, de ser, na realidade de seu corpo, o apêndice, o prolongamento vital do corpo enfermo do Outro. Num e noutro caso, a solução reside na delegação libertadora que consiste em tê-lo e em sê-lo *no objeto*, num objeto desdobrado, fetiche de um lado, ídolo do outro. O movimento da identificação – querer "ser como" – de fato corresponde a afirmar uma não identidade e supõe que nos tenhamos separado da coisa que éramos para o outro, que tenhamos abandonado o fardo do ser. Aliás, Mishima observa esse alijamento: "Parecia que a minha mágoa de estar eternamente excluído sempre era transformada em mágoa por esses seres e sua maneira de viver em meus devaneios[13]".

Há, no entanto, uma disparidade entre as duas soluções. "Tornar-se Tenkatsu" é a menos ruinosa. Ela representa uma maneira lúdica, não desprovida de derrisão, de resolver a questão da "castração" da mulher, sustentando as duas exigências: que ela tenha o falo, o que libera igualmente, e que seja falso, o que deixa seus direitos à realidade. Todavia, se é objeto de identificação lúdica, Tenkatsu nunca é, para o narrador da *Confissão de uma máscara*, objeto de desejo erótico. A carga de desejo, ao mesmo tempo que a "qualidade trágica" que a ele está ligada, pertence por inteiro à figura do latrineiro e a seus avatares sucessivos (condutores de bondes, cavaleiros mortos na guerra, príncipes assassinados e mártires cristãos). Desse lado, o trágico exclui o lúdico: o valor fetichista está aqui intimamente associado ao fato de estar "fadado à morte", e o desejo, indissociável de uma "mágoa amarga". Embora de um outro modo que para Tenkatsu, aqui também o falo é afirmado e negado ao mesmo tempo. Por um lado, a presença do órgão macho sob a roupa é indispensável ao valor erótico do objeto. Por outro, a virilidade está estreitamente associada à morte: ela se exalta por sua própria destruição, como se a castração suprema a levasse à incandescência.

É nessa vertente homossexual (por oposição à vertente tranvestista representada pelo lado Tenkatsu) que observamos esse movimento de báscula tão particular entre desejo e identificação, geralmente atribuído à natureza narcísica da escolha de um objeto do mesmo sexo. Amar, aqui, é querer "ser como". Desde o encontro com o latrineiro, de imediato se afirmam indissociáveis o desejo experimentado pelo outro e a aspiração a se parecer com ele. E quando, mais tarde, o narrador da *Confissão de uma máscara* se apaixonar por Omi, jovem condiscípulo do colégio, ele vai conhecer uma incessante oscilação entre a emoção erótica e o ciúme invejoso quanto à ple-

---

13 *Ibid.*, p. 17.

nitude de ser a seus olhos encarnada pelo rapaz. Essa oscilação vai ser motivo de engano incessante sobre a verdade de suas inclinações e de crença de que se quer apenas parecer com seu ideal, embora se deseje dele gozar como amor.

Entretanto, esse jogo de báscula não é redutível a uma relação em espelho, às tensões eróticas e agressivas que daí decorrem e que fazem que, ao desejarmos à imagem de si, sejamos roubados ou do desejo, ou da imagem. Ele remete, mais fundamentalmente, ao acoplamento original do filho com a mãe. É sabido que o amor dos homossexuais pelos rapazes repousa numa identificação inconsciente com a mãe, de quem eles foram outrora objeto de predileção. É, aqui, do lugar de sua avó, aquela que era, quando ele tinha nove anos, sua "namorada de sessenta anos", que o jovem Mishima se torna enamorado do latrineiro ou do jovem Omi, habitado pelo mesmo amor que aquele de que era objeto para a avó. E, quando aspira "ser como" eles, não se trata tanto para ele de coincidir de novo com a imagem ideal do menino amado pela velha senhora quanto de aspirar engolfar-se no abismo de seu gozo e de cumprir o destino que o vota ao obscuro sacrifício pelo qual ele se identifica com o falo faltante. Em outras palavras, o jogo de báscula não se situa tanto entre o eu [*moi*] e o outro no qual ele se mira quanto entre os dois pólos, os dois lugares, do Outro materno e do falo, cuja reversibilidade, mais que à relação do sujeito com sua imagem num espelho, seria comparável às duas séries infinitas de reflexos que obtemos ao colocarmos um objeto entre dois espelhos face a face. A oscilação de um lugar ao outro às vezes é tão rápida que diríamos, como notava Phyllis Greenacre[14], que o olhar não cessa de passar de um desses reflexos a outro.

O narrador da *Confissão de uma máscara* às vezes tenta superpô-los e realizar-se a um só tempo como sujeito e objeto do desejo. "Eu gostaria de representar o duplo papel de Omi e de mim mesmo[15]". Para se tornar o "dublê" de Omi e transformar seu prazer ao ver Omi em prazer que o

---

[14] Phyllis Greenacre, "Certain relationships between fetichism and faulty development of body image", in *Psycho, Anal. Stud. Child*, 8, 79. 1953. Cf. também o comentário de Jacques Lacan in Séminaire IV, *La Relation d'objet*, Seuil, 1994, p. 86.

[15] *Confession d'un masque, op. cit.*, p. 87.

próprio Omi experimentava, ele começou a buscar em seu corpo magro o reflexo tímido da suntuosa virilidade do outro. Um dia descobriu, à beira-mar, ao ver de repente as próprias axilas, que a pilosidade exuberante de Omi, objeto de sua cobiça ciumenta, começara a paramentar seu próprio corpo, levemente púbere, com uma sombra gloriosa. Um "misterioso desejo sexual" logo o invadiu, e, tomando por objeto os tufos negros de suas axilas, a exemplo das do amado, sozinho debaixo do céu azul, pela primeira vez ao ar livre, ele se deu prazer. "Meu corpo estava sacudido por uma estranha mágoa. Eu estava sendo queimado por um sentimento de abandono, ardente como o sol[16]".

A solidão de sua própria e misteriosa exclusão, reavivada por um sentimento de vazio diante da plenitude do mar, conjugara-se, nesse instante de prazer solitário, com a solidão que o atraíra para Omi, "solidão nascida do fato de que a vida o havia escravizado[17]". O erotismo, uma vez mais, acabava de transformar a desolação em triunfo.

Essas clivagens em cascata, tornar-se Tenkatsu/tornar-se latrineiro, desejar Omi/tornar-se Omi, constituem igualmente muralhas em discórdia diante do "destino trágico" constituído pelo fato de estar realmente sacrificado. Elas contribuem para desativar, irrealizando-o graças à fantasia, para pôr à distância o desejo mortífero do Outro. Deve ser esta também a função do anonimato na fantasia perversa (o "se" da fantasia "espanca-*se* uma criança", por exemplo), que permite ao sujeito nela não figurar e deslizar sob um ou outro de seus termos, labilidade que, em si mesma, introduz jogo.

A função protetora da clivagem é demonstrada, *a contrario*, pelo fato de que é por ter experimentado a exigência de superá-la (essencialmente aquela, depurada, entre o corpo e as palavras, explorada por *O sol e o aço*) que Mishima devia sofrer a pressão crescente de ir até o fim de seu "destino trágico", que devia cumprir sob a forma do sacrifício derradeiro a uma causa perdida, a da "divindade" do Imperador. Mas talvez ele tivesse atingido os limites das "soluções" que o socorreram durante muito tempo: homossexualidade e escrita. Desta última, ele declarava no catálogo da exposi-

---

16 *Ibid.*, p. 88.

17 *Ibid.*, p. 87.

ção que lhe foi dedicada, pouco antes de sua morte: "O que escrevi me deixa sem jamais nutrir meu vício, e não se torna nada mais que um implacável chicote que me incita a continuar[18]".

À beira da idade adulta, o narrador da *Confissão de uma máscara* devia encontrar um dado novo, inintegrável às "soluções" elaboradas até ali, um "desconhecido" que fazia fracassar seus cálculos, o amor que devia abater-se sobre ele como um destino e em breve confrontá-lo com a violência de uma mágoa que abalava os próprios fundamentos de sua existência, ressuscitando o antigo sentimento de estar eternamente excluído, de estar foracluído da humanidade comum. Esse sofrimento, que ele conseguira erotizar ao fazer dele aquele experimentado pelo outro, o pária aureolado pela glória do martírio, a ele voltou, dessa vez, puro de toda sensualidade, no confronto com o impossível constituído para ele pelo amor de uma mulher. Ao passo que a "amarga mágoa", experimentada ao ver o latrineiro, estava associada a um desejo misturado de vergonha, aqui é o sentimento de uma culpa misteriosa que domina, insondável, para a qual Mishima não encontra outro termo a não ser o de "remorso antes do pecado[19]".

O caráter trágico do encontro com Sonoko difere do "trágico" dos roteiros fantasmáticos que votam o herói à morte. Ele reside, ao oposto do que se poderia dizer, no que faz todo o patético da *Confissão de uma máscara*: no fato de que esse encontro, num sentido, não aconteceu. A dor desse "não lugar" enigmático é comparada à "dor de uma pessoa que, num sol brilhante, espera o rugir do canhão de meio-dia e, quando o momento em que ele devia trovejar passou em silêncio, ela busca descobrir o vazio da espera em algum lugar no céu azul [...]; presa a uma horrível dúvida, ela pensa que essa coisa talvez nunca aconteça em definitivo. Ela é o único ser no mundo a saber que o canhão de meio-dia bruscamente não trovejou na hora dita[20]".

O narrador não cessa de interrogar o que, aqui, inexplicavelmente, lhe faltou: aquilo mesmo, talvez, que o deixou tão desamparado quando a

---

18 Citado por Henry Scott Stokes, *Vie et mort de Yukio Mishima*, Balland, 1985, p. 133.

19 *Confession d'un masque*, *op. cit.*, p. 25 e p. 141.

20 *Ibid.*, pp. 199-200.

guerra chegou ao fim e ele se deu conta, no horror, de que ia precisar, dali por diante, começar a levar a "'vida cotidiana' de um membro da sociedade humana[21]". Será a mesma falha que o levou a ser reformado, embora acreditasse, conforme a sua fantasia, desejar morrer na guerra, "entre estranhos, pacificamente, sob um céu sem nuvens[22]"? Em sua esquiva semiconsciente, ele havia para sempre perdido o apelo, e nada poderia resgatar essa covardia: "Eu tinha a certeza manifesta de que a minha vida futura nunca alcançaria auges de glória suficientes para justificar o fato de ter escapado à morte num combate[23]". Mishima não dissimulou que o relato aqui é fiel à realidade. Quão irrisórios e patéticos aparecem, sob essa luz, a musculação a que ele se obrigou mais tarde, assim como o treinamento paramilitar e a criação da milícia privada. Até o *seppuku* final, nada a esse respeito se assemelha à mostarda depois do jantar.

No casamento fracassado como no episódio do serviço militar, faltou-lhe o acesso à virilidade comum, que dissocia o órgão macho de todo valor fetichista e para quem a morte não é cobiçada como um gozo. Aqui, a "solução" lhe faltava. Ele não tinha o modo de usar. "Minha mágoa se assemelhava à de um estudante sem coragem que não passou num exame: cometi um erro, cometi um erro! Simplesmente porque eu não havia resolvido aquele *x*, ficou tudo errado[24]". Mas como arriscar a vida quando nos imaginamos imortais? Como amar uma mulher quando ela não é desejada? Ele tem a impressão de atingir a própria raiz de seu sentimento de exclusão: "Você não é humano. Você é um ser incapaz de relações sociais. Você não passa de uma criatura desumana e, num certo sentido, estranhamente patética[25]".

Apesar de sua "mágoa intolerável", e por mais desolado que estivesse com aquele amor não cumprido, a própria separação de Sonoko foi vivida como "deliciosa". O prazer logo trazia um desmentido ao irreparável e afir-

---

21 *Ibid.*, p. 211.

22 *Ibid.*, p. 135.

23 *Ibid.*, p. 136.

24 *Ibid.*, p. 200.

25 *Ibid.*, p. 223.

mava a sua vitória sobre a perda. "Eu tinha uma curiosa capacidade de gozar assim de tudo. Por causa desse talento perverso, minha covardia passava com freqüência, mesmo a meus próprios olhos, por coragem[26]". O gozo, como demonstra o erotismo de Mishima, é a via real da negação [*déni*] da castração.

A astúcia de uma tal maneira de vencer tudo nem por isso deixa quite com a culpa. Se, por um lado, a exclusão tem a ver com uma exigência imemorial, sofrida a contragosto, aquela mesma que, na infância, era sentida como a "obrigação de ser diferente", e causava o mal-estar misterioso só de pensar em crescer, ela não deixa de se acompanhar do sentimento de um erro, pois não há nenhuma posição subjetiva que em última instância tenha sido o fruto de uma decisão, ainda que mergulhasse suas raízes no insondável.

Para além de sua esquiva quanto às obrigações militares, é, com efeito, a uma mais fundamental deserção que responde a culpa do narrador da *Confissão de uma máscara.* O fato de ter-se "safado" das obrigações comuns, de quase ter-se liberado do preço exigido de seus membros pela comunidade dos homens e de ser "o único a saber disso", não cessa de alimentar um sentimento de impostura e a sensação de ter acima de si uma espada de Dâmocles. Assim, as mãos rachadas do irmão de Sonoko, que voltara do *front* em licença, tornam-se a seus olhos como que testemunhas de acusação. E, à medida que cresce nele a resolução de escapar ao amor de Sonoko, ele experimenta mais profundamente a "má consciência de um homem que foge da justiça[27]".

Esse sentimento de estar protegido da existência comum se impõe com toda a sua força no dia em que ele caminha com Sonoko pelas ruas de Tóquio, que acaba de ser bombardeada: "Enquanto seguíamos pela passarela, não nos dirigiram nem mesmo um olhar de reprovação. Ignoravam-nos. Nossa própria existência estava apagada pelo fato de que não havíamos partilhado o desamparo daquelas pessoas; para elas, não passávamos de sombras[28]".

---

26 *Ibid.*, p. 166.

27 *Ibid.*, p. 152.

28 *Ibid.*, p. 156.

No entanto, é nesse dia, ao ver esse desamparo que lhe parece tocar os laços mais profundos do amor, que se entreabre, mas por um instante somente, a repentina possibilidade de entrar nas fileiras da comunidade humana. Um impulso de confiança o levanta e parece dissipar de um golpe suas "dúvidas relativas às exigências essenciais da humanidade". Essa "repentina intuição da verdade" surge, estranhamente, da idéia de que esses homens e essas mulheres, cuja infelicidade ele tinha diante dos olhos, acabavam de ser confrontados com aquelas situações excepcionais em que era "permitido matar alguém para que outro vivesse", em que "não era nenhum outro que o filho quem assassinava a própria mãe quando ela se esforçava para salvá-lo". À evocação de uma mãe que morre por dar a vida e cujo sacrifício assim faz do filho o assassino de sua mãe, de repente o invade "um ardente sentimento de confiança[29]". Um vínculo obscuro parece unir a fé no amor, isto é, a aceitação do dom do amor até em suas extremidades mortais, e a possibilidade de assumir as exigências de uma vida humana comum.

Parece que o sentimento de estar foracluído da humanidade se confunde, em Mishima, com o de estar foracluído do amor. Não é tanto senti-lo que é aqui impossível quanto recebê-lo, e é quando Sonoko começa a amá-lo que o narrador decide de verdade fugir. A força dessa impossibilidade deve ser buscada na própria idéia que pareceu por um instante suprimi-la: o filho seria potencialmente o assassino de sua mãe. O Outro amado deveria ser protegido de sua própria periculosidade. A certeza de ser destruidor para esse Outro assim estaria na origem de seu desespero inconsciente e de seu sentimento de indignidade. A homossexualidade serve, a esse respeito, tanto para pôr essa mãe ao abrigo, ao se identificar com ela, quanto para se proteger de seu domínio. Mas essa identificação é instável e, desde que alguém assuma, no amor, o lugar do Outro materno, o sujeito vê-se remetido, no outro pólo, à sua identificação com o falo destruidor.

Também o amor por rapazes confronta com o impossível. Se o amor por Sonoko era puro de toda sensualidade, infelizmente desencarnado, ao oposto, o amor por homens jovens tinha de estar desprovido de toda inte-

---

29 *Ibid.*, p. 157.

lectualidade. Como Omi no colégio, um rapaz só é desejável contanto que esteja, de alguma maneira, privado de linguagem, como se seu corpo por isso se tornasse mais puro, mais carnal, e adquirisse por essa privação a dimensão "trágica" essencial a seu valor erótico. Ora, o fato de o desejo estar marcado por essa condição, de o intelecto ali não ter parte, engaja o amor num impasse lógico, a reciprocidade que ele requer por sua vez exigindo do narrador uma "revolta contra a razão" que contradiria a sua natureza. Assim, a cisão da carne e do espírito vai até a exigência de que sejam mantidos a uma implacável distância um do outro, proibindo todo contato, até mesmo toda relação, e tornando impossível a metáfora do amor.

Essa cisão é tão radical que vai até excluir toda coexistência dos dois termos. O narrador da *Confissão de uma máscara* não pode engolir o aviltamento tão comum da vida amorosa, que consiste em amar ali onde não se deseja e em desejar quem não se ama. Se seu desejo vai para os rapazes, não pode ser verdade que ele ame Sonoko: é preciso que um seja falso se o outro for verídico. Como duas proposições contraditórias, o desejo homossexual e o amor por Sonoko não podem ser verdadeiros juntos. Essa exigência de inteireza, essa recusa da divisão ordinária da subjetividade com suas acomodações (aqui se percebe que a clivagem da perversão aí não é nem um pouco redutível) conduz o narrador da *Confissão de uma máscara* à tentativa desesperada de escapar à dupla verdade de seu amor e de seu desejo pela negação [*déni*] de um dos termos de sua contradição. Assim é que ele é levado a questionar sucessivamente a autenticidade de cada um desses termos. Ele ora mente a si mesmo ao fazer-se crer que é como todo mundo "em todos os pontos de vista": ao ocultar seus desejos homossexuais, ele se precipita, então, na obsessão da normalidade. Ele ora busca libertar-se do que seu amor também comporta de implacável certeza, ao se imaginar na pele de um sedutor sem escrúpulos. Com efeito, o amor por Sonoko o confronta com o doloroso pressentimento de sua impossibilidade e com a culpa que ele sente por isso (o "remorso antes do pecado").

Por isso ele se esforça em crer que está mentindo a si mesmo ao se convencer de que a ama. Pois, se não a amar de verdade, a pena então é fictícia: o que era preciso demonstrar. Uma vez mais, ele pode pensar escapar ao caráter inelutável da perda e do fracasso. Mas a mentira tem a propriedade de se adaptar às novas circunstâncias: se mentir a si mesmo é a sua verdade, então, "quando quero considerar um falso semblante a atração que Sonoko exerce sobre mim, esse sentimento talvez seja apenas uma máscara destinada a esconder meu verdadeiro desejo de acreditar-me sinceramente apaixonado por ela. Assim, talvez eu esteja me tornando um desses seres que são incapazes de agir contrariamente à sua verdadeira natureza e talvez eu ame realmente Sonoko[30]".

Entre o desejo homossexual e o amor por Sonoko vai assim instaurar-se um vertiginoso movimento circulante. Da mesma forma que, numa banda de Möbius, passamos de uma face a seu avesso sem transpor nenhuma borda, o narrador da *Confissão de uma máscara* não cessa de ver sua verdade se transformar em mentira e sua mentira tornar-se verdade, deslizando, como num tobogã, de uma face à outra dele mesmo: "Meus poderes de auto-análise estavam constituídos de uma maneira que desafiava qualquer definição, como um desses círculos obtidos dando um simples movimento de torção a um pedaço de papel, cujas extremidades em seguida colamos juntas. O que parecia ser o interior era o exterior e o que parecia ser o exterior era o interior. Nos anos que se seguiram, minha auto-análise atravessou mais lentamente a borda do círculo, mas, quando eu tinha vinte anos, ela só fazia precipitar-se cegamente através da órbita de minhas emoções e, chicoteada pela excitação criada pelos desastrosos períodos finais da guerra, a rapidez de suas revoluções bastava para fazer com que eu perdesse quase que por completo o sentido do equilíbrio[31]". Assim, invadido pelo sentimento de uma inextricável impostura, ele tem a impressão de estar se tornando "um desses seres que não podem crer em mais nada a não ser no falso semblante".

A iminência de sua integração no exército e da partida para o *front*, o horizonte de uma morte quase certa vêm libertá-lo da clivagem extenuante entre seu desejo e seu amor. A morte se afigura a única resolução possível da dualidade que o habita e a única maneira de parar o incessante movimento que o projeta de um pólo ao outro de sua subjetividade dilacerada: "... minha devoção cega por Sonoko e meus desejos sensuais contra natureza,

30 *Ibid.*, p. 149.

31 *Ibid.*, pp. 172-173.

sempre presentes, agora se haviam fundido em mim numa única massa homogênea e me haviam pregado, imóvel, ao passo que os instantes se sucediam, como um ser humano sem contradições consigo mesmo[32]".

Só a perspectiva do martírio o deixa ter esperanças de escapar ao tormento desse esquartejamento cujos termos, para além das diferenças culturais, Dostoïevski já havia dado numa passagem de *Os irmãos Karamazov*, colocado em epígrafe na *Confissão de uma máscara*: "A beleza! São as praias do infinito que se aproximam e se confundem, são os contrários que se unem na paz. [...] Quantos mistérios neste mundo! A alma humana está oprimida de viver entre tantos enigmas indecifráveis [...] o que não posso aceitar é ver homens de espírito superior e de coração elevado adorarem primeiro o ideal da Madona, para em seguida soçobrar no de Sodoma e Gomorra. Mas é ainda mais terrível estar fadado a Sodoma e Gomorra sem poder renegar [*renier*] o ideal da Madona e senti-lo arder no coração, arder sinceramente, como outrora, nos anos sem pecado da juventude [...] O mais terrível na beleza não é ser assustadora, mas ser misteriosa. Nela, Deus luta com o diabo e o campo de batalha se encontra no coração do homem".

A beleza é o tema central do *Pavilhão de ouro*. Essa obra também explora a impossibilidade do amor e esclarece a natureza da clivagem subjetiva que fez o tormento de Mishima. O tema do desdobramento se inscreve, aliás, na própria estrutura do romance, construído em abismo: o relato de Kashiwagi, o aleijado, vindo repetir o de Mizogushi, o narrador, futuro incendiário do Pavilhão de ouro. Da mesma forma, é o modelo reduzido do Templo, exposto numa de suas salas, que dá a este último a revelação da beleza do Pavilhão, à qual ele havia antes ficado insensível. Essa estrutura, que lembra o encaixe das bonecas cegonhas, coloca a beleza sob o signo de uma plenitude partenogenética.

A beleza do Pavilhão de ouro não é aquela que, como em Dostoïevski, emana das contradições dilacerantes. É a da pureza que deve permanecer sem mistura, a de um absoluto que, como tal, não pode entrar em relação com nada e cuja própria existência é incompatível com uma outra: "...

---

32 *Ibid.*, p. 177.

quando o *Pavilhão de ouro* surgia no absoluto de sua eternidade e eu não via mais as coisas a não ser através dele, o mundo se metamorfoseava [...] e, nesse mundo assim metamorfoseado, só o *Pavilhão de ouro* guardava a sua forma, detinha a Beleza, todo o resto voltando ao pó[33]". A beleza é o que nos destrói ou o que é preciso destruir para existir: é esta a convicção que se apossa do monge Mizogushi e que vai decidir seu ato. A beleza é aniquiladora porque a sua plenitude nos exclui, como ela exclui a falta. O Templo acaba assim por simbolizar, aos olhos de Mizogushi, o gago, a harmonia de um mundo, de uma ordem das coisas que ele rejeita e que o rechaça. Diante dessa beleza, não há outra maneira de existir senão opor-lhe o que lhe pode ser mais antinômico, uma enfermidade – essa careta do ser – ou então a malignidade de um ato que introduza "um átomo de mal" para servir de contrapeso a uma perfeição cuja auto-suficiência nos aniquila. Assim, acabam por se constituir dois pólos, duas extremidades de valência inversa, que se acham na mesma relação de exclusão mútua que a carne e o espírito, o amor por Sonoko e o desejo por rapazes.

É graças a essa polaridade, opondo beleza e feiúra como dois absolutos, que Kashiwagi, ele também aleijado, vai descobrir, sob a forma de uma perversão, uma solução para a impossibilidade do amor, que ele vai expor, não sem complacência, a seu condiscípulo gago. Nas fronteiras da humanidade comum, graça e desgraça se equivalem, como o sagrado da pureza e o da sujeira, limitando o mundo profano. A beleza e a imperfeição são marcas do destino, que fazem daqueles que são por elas afetados a presa dos olhares, reduzem-nos ao silêncio e forçam-nos ao desafio de não ter semelhantes. Como a imperfeição, a beleza separa, isola. Ela é sem esperança. Não mais que a carne e o espírito, na *Confissão de uma máscara*, ou que a eleição e a danação, a beleza e a malformação não estão destinadas a se juntar. Elas não formam duas partes, de que uma seria o complemento da outra, o avesso ou o negativo, mas duas metades sem par, sem relação uma com a outra, infinitamente em desacordo. O que elas têm em comum, ser em si incomparáveis, incomensuráveis, é precisamente o que proíbe a relação delas.

33 *Le Pavillon d'Or*, Gallimard, Col. "Folio", 1961, p. 240.

Para Kashiwagi, a impossibilidade do amor resulta evidentemente de sua enfermidade. Com efeito, ele não saberia ser amado por outra coisa que esta, ou é precisamente o gênero de amor que seria para ele humilhante demais aceitar. Ser amado por alguma outra particularidade não seria mais admissível, pois tal amor reduziria sua enfermidade a um traço contingente e, por conseguinte, ameaçaria sua própria existência, já que todo o seu ser ali se encontra resumido: "... eu existia com este corpo assim feito, e era tão seguro e definitivo quanto a existência de um sol, de uma terra, de belos pássaros ou de horríveis crocodilos. O mundo era como uma pedra tumbal: imóvel. [...] 'Por que será que eu vivo?', perguntam-se as pessoas, e ei-las que não se sentem à vontade, até mesmo que se suicidam. Mas, para mim, não há problema! Eu tinha os dois pés deformados: era isso a condição que me era feita, a justificação de minha existência, meu objetivo, meu ideal – a própria vida[34]".

É por uma razão bem semelhante que uma jovem de grande beleza acabou se apaixonando pelo deficiente. Para ela também, o antagonismo com o mundo só podia ser radical: a seus olhos, era impossível que quem quer que fosse pretendesse estabelecer com ela uma paridade, pedindo-a em casamento por exemplo, sem insultar sua beleza incomparável. A esse respeito, só a escolha de um deficiente era digna dela, moderando sua incomensurabilidade, ao mesmo tempo que conferia ao dom de si a soberana gratuidade do absoluto. Fiel a si mesmo, Kashiwagi, por sua vez, só podia lhe opor uma recusa. No entanto, ele acreditou poder desejá-la sem amá-la, mas chocou-se com a dificuldade de dissociar o desejo que ele experimentava por aquele de que era objeto. Ora, é bem a relação como tal, no contato, que se tratava antes de tudo de enfrentar, a fim de prevenir toda alteração dos termos em presença: o absoluto não pode entrar em relação sem logo se dissolver no relativo.

Kashiwagi encontrará a solução para esse impasse na fetichização de seus pés aleijados: oferecendo-os à adoração de uma velha mulher, ele consegue contornar o obstáculo que constituíam para seu próprio desejo, o qual, por conseguinte, se fixou na representação de um distanciamento

---

[34] *Ibid.*, p. 159.

infinito entre seus pés enfermos e o corpo da mulher. "Pés aleijados, amantes são então expulsos de minha esfera; eles permanecem à mesma distância de mim: ali está a realidade nua e meu desejo é apenas uma espécie de 'aparência'. Embora fixe essa realidade, degringolo para trás, numa queda sem fim, no seio dessa aparência, e é então que a ejaculação se faz na direção da realidade que fixo. Mulheres, pés disformes, sem se tocar jamais, sem se juntar jamais, são juntos expulsos de meu universo... e meu desejo se exacerba ao infinito. Porque nunca, absolutamente nunca – e é tanto melhor! – essas belas pernas e meus feios pés entrarão em contato[35]". Kashiwagi considera-se então "livre do amor" e doravante o habitante de um mundo "para sempre imobilizado".

Por essa fixação, até mesmo essa ficção (segundo seus termos) do fetiche, é expulsa a questão do vínculo de seu desejo com o do outro. Reduzido a uma "aparência" sem relação com um real bruto ao qual nada jamais faltará, o desejo se encontra assim desrealizado, ao passo que, de seu lado, a realidade sofre uma espécie de hiper-objetivação. Representando o sujeito e o Outro, beleza e enfermidade aparecem como dois absolutos – ídolo de um lado, fetiche do outro –, dois objetos puros dos quais cada um exclui qualquer outra existência, sem vínculo entre eles, sem alteridade, e podendo no entanto, graças a uma total dessubjetivação, coexistir numa infinita separação.

No casal impossível que ele forma com o Pavilhão de ouro, a solução fetichista não será a do monge Mizogushi. Diante da absoluta beleza do edifício, cuja natureza perseguidora se exprime através da inclusão de sua própria representação em miniatura – figurando um poder totalitário de auto-engendramento, excluindo toda alteridade –, não há outra alternativa a não ser a de uma malignidade destruidora. Entre o Pavilhão de ouro e Mizogushi, é assunto de vida ou morte, a existência de um exigindo o aniquilamento do outro, como num duelo.

A perspicácia psicológica de Mishima nos dá os elementos que permitem clarear a fonte dessa tensão, mortal, precisando a significação tomada, para o narrador, pelo edifício sagrado.

Mizogushi não pôde encontrar, nem do lado de seu pai nem junto a este substituto paterno que foi, para ele, o Prior do célebre mosteiro, o que

---

35 *Ibid.*, p. 163.

lhe teria permitido legitimar seu desejo e assumir a posse do Pavilhão de ouro. O Templo sempre lhe fora designado por seu pai como a coisa mais bela no mundo. Era dirigido por um amigo – que permanecera sem descendência – desse pai que estava ele mesmo à frente de um pequeno templo. Ao morrer, o encargo deste último foi vendido pela mãe, que assim roubava sua transmissão ao filho. Este, privado de sua herança, podia no entanto imaginar suceder um dia ao Prior do Pavilhão de ouro, e é nesse espírito que é acolhido como noviço pelo amigo de seu pai. Entretanto, a mãe, que havia uma primeira vez impedido o filho de suceder ao pai, devia, pela baixeza da expressão de sua ambição, sussurrando-lhe "para se fazer amar pelo Prior a fim de lhe suceder à sua morte", levantar um obstáculo decisivo a essa outra sucessão.

Uma cena, que convém qualificar de originária, tinha com efeito marcado, aos olhos do filho, o desejo dessa mãe de um caráter para sempre inassumível: durante uma noite em que um tio partilhava o leito familiar com os pais e o menino, este último viu sua mãe ter relações sexuais com o tio. Seu pai, igualmente testemunha da cena, contentara-se em fazer a essa visão tela com as mãos, pousadas sobre os olhos de seu filho. A covardia do pai diante do desejo da mãe devia tornar impossível ao filho sucedê-lo. Da mesma forma, mais tarde, a hipocrisia do Prior do Pavilhão de ouro, surpreendido por Mizogushi nos bairros reservados da prostituição, só podia tornar mais abjeto o projeto materno de "fazer-se amar" por ele. Por isso tomou a via mais bem feita para obviar seu cumprimento, a da negligência de seus deveres, indo mesmo até ao ponto de não retorno por um ato de imperdoável maldade. Sua única chance de não se tornar um canalha não era, com efeito, num tal contexto, fazer-se odiar pelo Prior e jogar no lixo a ordem desse mundo? O incêndio voluntário do Pavilhão de ouro, cujo projeto ele amadureceu após ter perdido a esperança de vê-lo aniquilado pelas bombas, tornou-se assim o símbolo da abolição dessa ordem recusada: "Se o Pavilhão de ouro queimar... Sim, se ele queimar, que mudança no universo desses pobres tipos! De cabeça para baixo, a regra de ouro de suas existências! Bagunçados, seus horários de trem! Inoperantes, suas leis![36]...".

---

36 *Ibid.*, p. 291.

Quando o cumprimento do desejo implica ceder à covardia, salvá-lo pode passar pela destruição de seu objeto.

Só alguns tempos de parada, dúvidas ou hesitações, vêm pontuar o encadeamento dos atos que visam lhe fechar as portas de seu desejo, embora lhe indiquem o que teria bastado para lhe abrir de novo a via para elas: que a lei paterna se tornasse, a seus olhos, enfim recebível. Só isso lhe tornaria possível renunciar àquilo de que ele se sustenta como sendo a sua única razão de ser, "a impossibilidade de fazer-se entender", que sua enfermidade de gago materializa. Símbolo de sua exclusão da "ordem normal das coisas", essa malformação é descrita, com justeza, como o esforço para "se livrar de um visco", aquele, sem dúvida, do suspeito desejo da mãe.

Num instante lhe vem a esperança louca de ser perdoado e de que seja milagrosamente suspenso o "mal-entendido" que ele instalou entre o Prior e ele. Este "ia talvez entrar de repente em meu quarto, trazendo-me o perdão. Perdoado, eu talvez fosse, pela primeira vez na vida, alcançar essa pureza sem defeito, essa alma de luz que Tsurukawa sempre trazia consigo. Talvez fôssemos cair, o Prior e eu, nos braços um do outro, e só guardar de tudo aquilo o lamento de nos termos entendido tão tarde[37]...". Mas o perdão bastaria, se a ordem estabelecida não fosse, por sua vez, reabilitada por alguma ação de brilho do Prior? É a esperança vã de uma tal ação que Mizogushi então acalenta: "... o Prior gostaria de alçar-se a meu nível, mostraria ele também uma virtude masculina, poria em pedaços sua máscara de hipocrisia, confessaria publicamente seu próprio erro antes de denunciar a abjeção de minha conduta[38]".

Um dia, ele percebe o Prior em posição de prosternação. "E de repente surge em mim uma idéia que pôs meu orgulho em frangalhos: o Prior talvez possuísse uma insondável vida interior de que não tínhamos a mínima idéia, e ao preço da qual as pequenas vilanias, os pequenos pecados, as pequenas negligências que eu havia tão desesperadamente experimentado não valiam mesmo a pena ser mencionados [...] Eu o considerava, desnorteado; e a verdade é que escapei por pouco à armadilha do enternecimento.

37 *Ibid.*, pp. 252-253.

38 *Ibid.*, p. 254.

Resisti com todas as minhas forças, mas não posso negar ter estado a ponto de ceder[39]...". O pensamento da hipocrisia do Prior, chegando até a fingir humildade para enganá-lo, basta para endurecer a sua posição e para precipitar sua decisão de pôr em ato seu projeto incendiário.

O Pavilhão de ouro acabara por simbolizar, a seus olhos, uma completude mortífera, interpondo-se sem cessar entre ele e seu desejo, a exemplo de uma mãe abusiva, absorvendo como um buraco negro toda a luz do mundo. O efeito de desolação do Templo sobre todas as coisas, que, em sua vizinhança, logo perdiam o brilho e se esvaziavam do sentido, é um dos motivos essenciais que levam Mizogushi a cumprir a sua destruição. "Sempre acabava da mesma maneira: sempre o Pavilhão de ouro surgia entre a moça e eu, entre a Vida e eu. O que eu ia apreender tornava-se cinza em minha mão e, diante de meus olhos, não havia mais, a perder de vista, senão um deserto[40]".

O fato de o Pavilhão ser, a exemplo da mãe, objeto de adoração de um pai que aceitara a sua lei deixa-se igualmente ler no ato de obscura maldade que precede e antecipa o incêndio criminoso. Quando Mizogushi pisoteia o ventre da prostituta grávida, é, segundo uma equivalência familiar entre a mãe e a puta, um ato de vingança que é perpetrado. O ódio por sua mãe também se exprime no horror que inspira a Mizogushi a idéia de ter sido por ela posto no mundo, e que ela tenha assim deixado nele a marca de sua "infâmia". O tema da vingança em relação a uma traição feminina afigura-se insistente, aliás, em toda a obra de Mishima.

A assimilação do Pavilhão de ouro a uma figura materna aparece com toda clareza na cena em que a imagem do Templo toma o lugar da visão de um seio de mulher. A beleza, qualificada de venenosa, do Pavilhão de ouro, a comparação de seu império com a dependência de um tóxico sublinham ainda a sua identificação com o objeto que representa por excelência o poder da maternidade, sua periculosidade também. Por não ter sido reprimido pela lei do pai, só resta ao filho, para dele tornar-se dono, abater esse poder: "Sua noite", diz ele do Pavilhão, "escapava totalmente às leis que

---

[39] *Ibid.*, pp. 343-344.

[40] *Ibid.*, p. 238.

valem para os homens. Pela primeira vez na vida, falei a ele com violência; num tom próximo da maldição, joguei-lhe na cara: 'Um dia serás submisso à minha lei! Sim, para que não atravesses mais o meu caminho, um dia, custe o que custar, serei teu mestre[41]!'".

O incêndio do Pavilhão de ouro é um matricídio. Mas também é uma ordem cúmplice que se trata, através dele, de abolir; uma ordem encarnada pelo mosteiro de que ele é o florão, uma ordem que o monge só pode desaprovar, pois ela aceita as desordens cobertas pela covardia e pela hipocrisia. A interposição da imagem do Pavilhão entre Mizogushi e as mulheres não reproduz a das mãos do pai entre seu filho e a visão do estupro materno? Falaciosa proteção, já que o pai, por esse mesmo gesto, assinava a sua destituição: "Assim, ainda desta vez, fui afastado da vida! pensei comigo mesmo. Mais uma vez! Mas por que o Pavilhão de ouro quer me proteger? Por que, quando não lhe peço nada, quer ele me afastar da vida? Deve ser para me salvar do inferno! Mas, assim fazendo, ele me torna pior que aqueles que nele caem, ele faz de mim O HOMEM QUE, SOBRE O INFERNO, DELE SABE MAIS QUE QUALQUER UM[42]".

A decisão de destruí-lo basta para pôr fim ao poder afanísico do Pavilhão de ouro e para abrir enfim ao monge um acesso ao mundo. Clareado pelos reflexos do ato a vir e pela iminência de seu desaparecimento, o Pavilhão sofre uma transmutação que modifica radicalmente sua natureza. O que se desvela, então, aos olhos do bonzo é a "porosidade" da beleza, seu vínculo essencial com o que ele chama "a inexistência". Ele enfim compreende que ela não reside em nenhuma de suas partes, mas na incompletude, na imperfeição de cada uma, no desequilíbrio de onde brota, como de uma fonte, o arco que recairá em outra parte, depois em outra parte ainda. A beleza é uma relação de harmonia que resulta do milagre, entre elementos neles mesmos insignificantes, até mesmo marcados por uma certa feiúra. Como uma frase que só toma seu sentido da articulação das palavras entre si, a beleza do Pavilhão de ouro afigura-se tecida de falta e atravessada de desejo.

---

41 *Ibid.*, pp. 233-234.

42 *Ibid.*, p. 232.

É ao *satori*, que às vezes põe fim à longa ruminação de um *koan*, que é possível comparar a visão nova à qual chega o monge. Nela se resolve o enigma que a beleza do Templo encarnava. "... jamais a Beleza estava inclusa num único detalhe, acabava com ele; mas em cada um se emboscava, latente, o começo da Beleza do detalhe seguinte. A beleza de um detalhe isolado era apenas inquietude. Sonhando com perfeição sem conhecer o término, ela era imantada para a beleza vizinha, que lhe era desconhecida. E esses apelos recíprocos de uma beleza QUE NÃO EXISTIA EM LUGAR ALGUM, nem num nem no outro, era isso que constituía a trama profunda do Pavilhão de ouro, que marcava a Beleza no canto da não existência. A Beleza era estruturada de nada[43]".

Assim, Mizogushi é levado, à beira de seu ato, a perceber a inanidade dele. Com a revelação da verdadeira essência da beleza, desaparece seu caráter totalitário assim como sua toxicidade persecutória. "Então, meus longos, meus minuciosos preparativos, não os fiz SENÃO PARA CHEGAR AO DERRADEIRO CONHECIMENTO QUE NO FIM DAS CONTAS EU NÃO TERIA DE AGIR[44]?...".

A perspectiva de uma destruição iminente possibilitou a passagem de uma figura do poder à outra. A primeira é representada pela reduplicação do Templo de Ouro, incluindo sua própria réplica em miniatura, a exemplo das bonecas russas que às vezes chamamos matriochkas e cuja origem japonesa costuma ser ignorada. Esse Pavilhão que parece conter a si mesmo evoca, aos olhos de Mizogushi, o horror de um encaixe sem fim, de uma montagem que incluiria o ínfimo e se ampliaria às dimensões do universo. Continente absoluto, só é possível lá estar cercado numa reclusão sem esperança, já que essa figura de pesadelo exclui toda alteridade como tudo fora. Um mundo sem Alhures e sem Outro, tal seria um mundo puramente materno: perfeitamente totalitário, sem saída.

Ao oposto do "Pavilhão de ouro miniatura, engastado no grande", imagem de uma completude partenogenética, figura, no alto do templo, a Fênix de Ouro. Símbolo da ressurreição, ela encarna uma outra forma de

---

43 *Ibid.*, p. 367.

44 *Ibid.*, p. 369.

poder gerador: aquele em que o jorro vital inclui a morte como sua condição e reserva seu lugar ao desaparecimento e à falta. A Fênix está do lado do poder criador da negação e da fecundidade do significante. Sua epifania responde ao advento do Pavilhão de ouro como pura relação de harmonia das partes entre si, isto é, como pura idéia, número áureo. Com efeito, se sua beleza não reside na materialidade de seus elementos, mas no equilíbrio de suas relações, o Templo pode queimar sem que essa beleza seja destruída. Reconstruído, ele não cessará de ser o mesmo, em sua essência eterna. Tal o falo, o Pavilhão de ouro sempre renascerá de suas cinzas.

A revelação da fecundidade da falta e de seu valor libertador não vai, todavia, libertar Mizogushi da exigência de cumprir seu ato. Renunciar a isso seria, acredita ele, devolver ao Pavilhão todo o seu império, como se a sua destruição, por permanecer apenas possível, oscilasse, no futuro anterior, na impossibilidade de atacar seu poder de fascinação paralisante. Só um ato real pode arrancar à enviscação no real. Precipitando a conclusão, vem então à mente do monge uma passagem do *Rinzairoku* que logo assume valor de injunção e confirma a significação duplamente parricida do ato incendiário: "Se cruzares com o Buda, mata o Buda! Se cruzares com teu avô, mata teu avô! Se cruzares com um discípulo de Buda, mata o discípulo de Buda! Se cruzares com teu pai e tua mãe, mata pai e mãe! [...] Somente então encontrarás a Libertação[45]".

Mishima, por sua vez, escolheu a solução suicida. Um de seus últimos livros, *O sol e o aço*, escrito "à beira da não comunicação", esforça-se por circunscrever o intraduzível e por dar os termos da dialética que a isso o conduz. A morte voluntária devia ser o culminar lógico da aspiração a pôr fim na clivagem que estava no fundamento de sua posição subjetiva.

"Existia em mim uma cisão pura e simples entre o espírito e a carne": era esta a conclusão do narrador da *Confissão de uma máscara*. Vinte anos mais tarde, *O sol e o aço* assumia a continuação do relato autobiográfico e retraçava o destino, ao longo dos anos, da clivagem original, que ele então reformula como a oposição entre o "corpo" e as "palavras".

---

[45] *Ibid.*, p. 371.

Sua infância mesquinha e enclausurada devia conferir à linguagem e à sua magia todo o seu império. Para o futuro Mishima, as palavras foram primeiras e a carne, tarde despertada, foi "tristemente corrompida", pois a linguagem é tão temível para o vivente quanto as "formigas brancas": "De hábito, vem em primeiro o pilar de madeira crua, depois as formigas brancas que dele se nutrem. Mas, no que me diz respeito, as formigas brancas ali estavam desde os primórdios e o pilar de madeira crua apareceu tardiamente, já semi-roído[46]". Uma guerra de morte devia se instalar entre o reino das palavras e o império da realidade, de que o corpo constitui o coração. A realidade acabou sendo perigosamente atacada pelo "poder corrosivo" das palavras, pois o concreto, o que é particular, singular, é ameaçado de destruição pela natureza abstrata, universalizadora da linguagem.

Além disso, as próprias palavras eram às vezes atacadas por seu próprio poder de corrosão, eram capazes de se auto-intoxicar como Mishima menino. Em compensação, a realidade era suscetível de desviá-las da pureza da função que tinham. Por isso, e é a essa missão que respondia o trabalho do escritor, era preciso evitar, tanto quanto possível, entrar em contato com o real mediante palavras, se queríamos manter a pureza delas, e, inversamente, devíamos "vigiar sem cessar sua ação corrosiva, de medo que ela de repente viesse bater num objeto que ela poderia atacar[47]".

Como o vigia nas muralhas, o escritor procura, do alto da fortaleza das palavras e mediante palavras, a um só tempo proteger estas e delas proteger o mundo, impedindo todo contato entre eles. A essa função responde a escrita romanesca, que substitui a realidade por um mundo de palavras, um universo de ficção. A relação com a realidade só era admitida "nos domínios onde as palavras não desempenhavam papel qualquer": o dos corpos, contanto que fossem totalmente estranhos ao intelecto; o da beleza carnal, contanto que fosse taciturna, seu mutismo sendo a garantia de sua pureza.

Essa forma de clivagem não se reduz à oposição, descrita infatigavelmente por Melanie Klein, entre o puro e o impuro (o bom e o ruim). Não se

46 *Le Soleil et l'Acier*, Gallimard, 1973, p. 9.

47 *Ibid.*, p. 11.

trata tanto aqui de separar o bom grão do joio quanto de constituir dois pólos de pureza e de perfeição, dois absolutos, por uma separação que exclui a mistura deles e impede que se prejudiquem um ao outro e se percam um no outro. A impureza brota do contato. Ela nasce do simples relacionamento estabelecido entre os dois termos, que introduziria o relativo e acarretaria, por conseguinte, a destituição do absoluto. Reconhecemos aqui a temática desenvolvida por Kashiwagi, o aleijado do *Pavilhão de ouro*, para quem, a preço algum, os belos pés de uma mulher devem entrar em contato com seus pés enfermos. Não tanto que estes sejam indignos daqueles e possam sujá-los quanto em virtude do valor de fetiche que cada um, em seu gênero, guarda: pés aleijados e belos pés podem ser, tanto um quanto outro, mas não juntos, o objeto de uma adoração devota. É bem o que se tornaram, para Mishima, o corpo e as palavras: em paridade, objetos de culto, fetiches, na medida em que sejam mantidos infinitamente à distância um do outro.

Não se pode deixar de ressaltar o quanto, nessas condições, o absoluto, o fetiche é algo de essencialmente privado, até mesmo de propriamente mutilado. O absoluto separa. Há uma desesperança da pureza em cada um de seus pólos, uma desolação feita de um mútuo exílio. A posição de Mishima oferece um estranho parentesco com a heresia dos cátaros. "Não era à pureza que eu havia jurado fidelidade?", escrevia ele na *Confissão de uma máscara*. Essa pureza, aqui como ali, encontra sua expressão derradeira na recusa da Encarnação, que talvez seja o verdadeiro pecado contra o Espírito, o único que seja irremissível, por reduzir à escolha da desesperança. Mas não seria a própria desesperança que seria a verdadeira pureza, se a esperança se afigura a impureza por excelência, como sugere o monge Mizogushi, evocando sua mãe: "... eu me perguntava o que podia bem torná-la tão feia. E era... a esperança: uma incurável esperança igual a uma sarna tenaz que come a pele com nichos sujos, úmidos e vermelhos, provoca uma coceira perpétua, e que nada no mundo poderia vencer[48]".

Esses rapazes cujo corpo só atinge seu ponto de incandescência gloriosa ao preço de serem exilados de uma parte de humanidade, a da fala,

[48] *Le Pavillon d'Or*, *op. cit.*, p. 295.

não é esse exílio que os envolve com uma mortalha de tristeza e os aureola com "essa selvagem melancolia própria à carne", como se eles estivessem sacrificados à expansão de seu próprio poder vital? Mas não é também um exílio que prende o escritor na prisão das palavras, entre os muros de irrealidade que elas edificam, afastando dele, sempre mais, o sentimento da vida, a ponto de ele às vezes não saber mais se está morto ou vivo e se realmente existe?

E, no entanto, esses dois absolutos, corpo e linguagem, não cessam de entrelaçar sob o modo do quiasma seus atributos, sem todavia, estranhamente, por isso atenuar a clivagem, cavando, ao contrário, sempre um pouco mais, pelo próprio esforço de entre eles lançar pontes, o abismo que os separa.

Assim, o escritor fará seu o ideal literário de imitação da beleza física, a fim de arrancar ao corpo sua prerrogativa, e perseguirá uma beleza isenta de toda corrosão. "Era ali, com toda evidência, contradizer a si mesmo", reconhece ele, "já que isso correspondia a tentar privar as palavras de sua função essencial [a corrosão] e despojar a realidade de suas características essenciais [a beleza taciturna]. Entretanto, num outro sentido, era um método extremamente hábil e engenhoso para fazer de modo que as palavras e a realidade que elas deveriam ter apreendido não se encontrassem nunca frente a frente. Assim, meu espírito, sem se dar conta do que fazia, montou sobre esses dois elementos contraditórios e, como um deus, preparou-se para manipulá-los. É dessa maneira que comecei a escrever romances. E não me senti senão ainda mais alterado de carne e de realidade[49]".

Para tentar ainda escapar a esse dualismo, Mishima foi pouco a pouco se engajando na busca de uma "linguagem da carne". Ele, que até então se situara por inteiro do lado das palavras, dispôs-se a transformar seu corpo para torná-lo conforme a seu ideal físico. Pôs-se a freqüentar as academias de musculação, a aprender boxe, depois – afastado deste por seus amigos assustados com os golpes que ele acertava – orientou-se para as artes marciais. O "tornar-se como Omi" prevaleceu, sob o signo do sol, descoberto na Grécia, e do aço dos aparelhos de musculação. Ele não podia deixar de en-

---

[49] *Le Soleil et l'Acier*, *op. cit.*, pp. 14-15.

contrar nessa via o que ele chamou "a intelectualização da carne": o corpo podia tornar-se um conceito, uma "metáfora das idéias" e "podia pretender uma intimidade mais estreita com as idéias que o próprio espírito[50]".

O que ele descobriu, então, foi um novo quiasma entre os atributos da linguagem e os do corpo. Graças ao exercício físico que lhe permite elevar-se à forma pura, ideal, o corpo torna-se ele mesmo abstrato. Aproximando-se da perfeição clássica, ele adquire um caráter universal, a particularidade das diferenças individuais sendo a marca da "degenerescência". Juntar-se ao "tipo", o universal da espécie, é alcançar um conceito isento dessa "corrosão" que se liga ao poder destruidor das palavras quanto à realidade. Além disso, "esse desabrochar como que vitorioso do não específico[51]" traz consigo uma outra vitória, a de "conhecer que não somos diferentes dos outros", que enfim conseguimos assumir uma posição na comunidade dos homens, reconhecer semelhantes, pois é por serem mortais que os homens estão ligados entre si. A precariedade da beleza, a glória fugitiva da carne "sem futuro" confrontam com a idéia da morte, única, aliás, que permite escapar ao ridículo que espreita uma bela musculatura, aureolando-a com o trágico sem o qual não há beleza.

Graças ao corpo, estariam assim reconciliados o universal e a existência. Para esse sentimento de existir tão precário em Mishima, segundo a sua própria confissão, ele acreditou encontrar enfim seu fundamento na prova do esforço físico, em que lhe parecia atingir "um sentimento de poder transparente como a luz", única antítese verdadeira das palavras, e que se tornou como tal "o foco de todo [o seu] pensamento[52]".

Enquanto o corpo, despojado de sua particularidade, conseguia alçar-se até o universal, as palavras, por sua vez, sofriam, em razão de sua utilização para fins artísticos, uma inversão de sua função usual. Com efeito, o escritor volta na direção das palavras o que estas têm de universal e delas se serve num uso contrário para "universalizar a [sua] individualidade". As artes do verbo que, "parecendo, à primeira vista, voltadas para a

---

50 *Ibid.*, p. 20.

51 *Ibid.*, p. 40.

52 *Ibid.*, p. 43.

universalidade, [...] se interessam, na realidade, pelas maneiras sutis de trair a função fundamental das palavras que é de se aplicar universalmente[53]". Toda obra literária é, assim, apenas uma bela montagem de "palavras pervertidas", e é nessa perversão que consiste o estilo.

Essa dupla possibilidade de inversão não trazia a solução da clivagem entre a carne e o espírito? O projeto de unir a arte e a vida conforme "a dupla via tradicional das artes marciais e literárias" tomou conta de Mishima, aos olhos de quem o estilo tornava-se em tudo comparável aos músculos, erigindo-se como uma muralha contra os transbordamentos de uma sensibilidade e de uma imaginação nas quais ele doravante situava os poderes da corrosão.

Entretanto, o fosso entre as palavras e o corpo, opondo o amor e o desejo, as exigências da obra e as do sexo, nem por isso acabou por se preencher. Ao contrário, a energia do homem teve, dali por diante, de se dividir entre os pólos do músculo e da frase, cuidando sucessivamente da tensão de um e da do outro, conforme as horas do dia, que ficava dividido. O escritor viu-se submetido às alternâncias do sentido do esforço, a suas incessantes inversões de um pólo ao outro, à maneira de uma corrente alternativa. E era como se nele se operasse "uma ruptura crescente da personalidade, que, no entanto, na verdade, determinava a cada instante um equilíbrio vital sem cessar destruído e sem cessar renascente. Trancar no eu [*moi*] uma dupla polaridade e admitir choque e contradição, foi assim que misturei 'arte e ação'[54]".

No entanto, esse novo quiasma só fez sublinhar a irremediável incompletude de cada um dos termos, assim como sua mútua alienação. Cada uma dessas vias encontrava na outra somente a sua verdade, sem que por isso fossem complementares, mas, bem antes, duplamente privadas. Assim, as flores artificiais da arte, que "gozam de uma estranha imortalidade", e as flores perecíveis da ação afiguravam-se, cada uma, o ideal da outra. Ora, "ter um conhecimento íntimo da essência dessas duas coisas – em relação às

---

53 *Ibid.*, p. 39.

54 *Ibid.*, p. 67.

quais é preciso que uma seja falsa se a outra for verídica – [...] é destruir em segredo os sonhos derradeiros de uma a respeito da outra[55]".

O gozo do instante e o da eternidade respondem a votos contrários. Só a morte pode resolver a discordância deles, pois só ela realiza o oximoro de um instante que seja eterno. Só "a morte de beleza" do herói conjuga a arte e a ação, a "visão em espírito" e a beleza objetiva. Na morte se sonha uma existência que não seria corroída pela consciência de ser, que não seria machucada pela falha da divisão subjetiva. Durante um perigo iminente, acontece, por instantes, de sermos projetados num tal mundo sem futuro e de conhecermos, como Mishima, durante um salto de pára-quedas, "um repouso absoluto do intelecto, uma beatificação da carne[56]".

Essa existência, enfim alcançada durante os exercícios violentos, parece ter requerido estranhas condições, bem afastadas do que imaginamos ser a simplicidade dos corpos. Para isso era preciso a reunião do que ele chama "conceitos", quase "fetiches", acrescenta ele, associados à carne por intermédio das palavras: "O exército, a cultura física, o verão, as nuvens, o poente, o verde das gramas do verão, o colante branco, o suor, os músculos e simplesmente um vago hálito de morte[57]...". Se todas as peças desse estranho quebra-cabeças forem reunidas, surge enfim o sentimento de existir, "a alegria de ser um com o mundo". De "criador de palavras" o próprio escritor se tornou "criatura de palavras", seu corpo inteiro foi modelado para encarnar o equivalente do que a arte literária tinha por objetivo criar. "Minha felicidade se fundara no fato de que eu me transformara, ainda que por um instante, em imagem formada pelas sombras trazidas, num passado longínquo, por palavras que viravam pó[58]".

Mas era obter outra coisa que "a sombra momentânea da existência"? Pois, logo passado o instante de euforia, renasce a dualidade. Segundo uma última épura, a clivagem divide agora a consciência e o ser. Como estar

55 *Ibid.*, p. 68.

56 *Ibid.*, p. 83.

57 *Ibid.*, p. 84.

58 *Ibid.*, p. 87.

certo da existência sem a consciência? Mas, assim que esta aparece, não se separa irremediavelmente do ser? A visão não põe aquele que vê numa intransponível distância da coisa vista? A consciência poderia voltar-se sobre si que não resolveria a antinomia entre ver e existir.

Se compararmos o Si a uma maçã, e se afastarmos a hipótese da psicologia introspectiva que quer que a maçã seja transparente, é preciso admitir que seu coração obscuro permanecerá escondido do olhar, e que assim permanecerá incerta sua perfeição de ser. "Só existe um método para resolver essa contradição. É mergulhar uma faca no meio da maçã a fim de fendê-la em duas, expondo assim o coração à luz [...] E, no entanto, então, cortando a maçã, sua existência cai em pedaços; o coração da fruta sacrifica sua existência à sua vontade de ver[59]".

Em *O sol e o aço*, Mishima está perto de concluir que, ao termo de sua busca, não há outra maneira de resolver o nó de suas contradições a não ser cortando-o. Como o coração cego da maçã, sua consciência "era levada a desejar tão ardentemente uma prova certa de existir que, cedo ou tarde, ele precisaria destruir essa existência[60]". Só a morte pode preencher "o espaço lógico entre ver e existir", ao qual, nesse termo, se reduziu sua clivagem subjetiva.

Como a maçã, o eu [*moi*] e o corpo são ambos dotados de uma superfície e de uma profundidade que os dividem entre interioridade e exterioridade. Durante uma experiência privilegiada, o escritor pensou que tinha conseguido abolir essa antinomia que é o quadro comum de nosso universo mental. Durante um vôo a bordo de um avião de caça supersônico, no momento em que a barreira do som foi ultrapassada, a velocidade de repente se confundiu com a imobilidade: "Se um tal repouso era o fim derradeiro da ação – do movimento –, era portanto bem possível que o céu à volta, as nuvens longe abaixo, o Oceano que luzia entre as nuvens e até o sol poente fossem coisas que aconteciam em mim. A essa distância da terra, a aventura intelectual e a aventura física podiam dar-se a mão sem a mínima dificuldade. Era o ponto para o qual eu não havia cessado de dirigir todas as minhas

59 *Ibid.*, pp. 89-90.

60 *Ibid.*, p. 90.

forças[61]". O avião parecia flutuar, como um falo de prata num útero azulado, ao passo que "o mundo interior e o mundo exterior haviam invadido seus respectivos territórios, tinham se tornado completamente intercambiáveis[62]". A banda de Möbius, que há pouco servira para ilustrar o movimento de inversão ao qual estavam submetidas suas alternâncias psicológicas, torna-se aqui o símbolo da reconciliação delas, sob a forma de um círculo de nuvens cercando a terra, como a mítica serpente da eternidade "que resolve quaisquer polaridades".

Mishima devia perseguir a dissolução derradeira de todas as oposições até aos extremos dessa derradeira erotização da morte que foi seu suicídio. Esse ato, por sua extravagância, sua mistura de horror e de beleza, perturbará ainda por muito tempo "os sonhos dos tímidos e dos saciados que nenhum abismo terá tentado[63]". Uma morte tão teatral devia ser objeto de glosas múltiplas e, com certeza, nela se enodaram e se desenodaram as significações mais contrárias.

Kanshi: por esse "suicídio de reprimenda[64]", Mishima se dirigia ao Imperador, cuja "declaração humana" havia arruinado, segundo ele, o sentido do sacrifício das esquadrilhas suicidas. Numa "*père-version*" derradeira, o *seppuku* aqui se oferece para restaurar a divindade do Imperador, confirmando que o perverso é, segundo as palavras de Lacan, o defensor da fé. Cortar o ventre é, segundo a tradição, dele tirar sua "sinceridade visível", a prova derradeira de sua recusa de ceder no desejo, e na lei que o sustenta.

Escolher a sua hora e a sua maneira é também arrebatar à morte um pouco de seu império, subtrair-se *in extremis* às leis de uma Natureza inflexível ("somos forragem para guarnecer uma moela"), a seu gozo devorador. O camundongo do apólogo de *O anjo em decomposição*[65] preferia afogar-se em vez de sofrer seu destino de presa.

---

61 *Ibid.*, pp. 138-139.

62 *Ibid.*, p. 139.

63 Roger Caillois, *L'Homme et le Sacre*, *op. cit.*, p. 76.

64 Maurice Pinguet, *La Mort volontaire au Japon*, Gallimard, Paris, 1984, em particular o cap. XIV, "O ato Mishima".

65 *L'Ange en décomposition*, *op. cit.*, pp. 126 sq.

Derradeira afirmação de si por onde nos destruímos para existir, é igualar-se também, nesse gesto por excelência contraditório, a esse objeto impossível que é o falo da mãe. O sacrifício de si final não vem reproduzir aquele de que sua jovem vida foi objeto em proveito de sua avó enfermiça? Todo esse sangue derramado, a exemplo do sangue do *Marinheiro devolvido pelo mar*[66], não seria a derradeira transfusão para dar novamente vida ao universo moribundo, a esse mundo de onde o desejo ameaça retirar-se para sempre?

Abrir o ventre, lugar por excelência de intimidade e de mistério, ir buscar em suas próprias entranhas o avesso cego de toda visão não é tentar extirpar da mãe aberta como uma rosa o objeto odiável que não é outro senão si mesmo, enfim vindo ao dia de uma inominável exibição?

Como um rastro de fogo e de sangue na podridão do mundo, o *seppuku* paramentou-se para sempre, naquele dia, das luzes de um estranho sadismo rilkeano: "O que há de tão horrível em entranhas expostas ao ar? [...] O que há de desumano em considerar o homem com sua medula e sua casca, sem fazer distinção entre o dentro e o fora – como se faz para as rosas? Ah! se apenas fosse possível mostrar o avesso do espírito e da carne, virá-los delicadamente como fazem as pétalas da rosa, expô-los ao sol e à brisa primaveril[67]!...".

---

66 *Le Marin rejeté par la mer*, Gallimard, Paris, 1969, p. 208.

67 *Le Pavillon d'Or*, *op. cit.*, p. 103.

Companhia de Freud
editora

OBRAS PUBLICADAS

Psicanálise e Tempo
Erik Porge

Psicanálise e Análise do Discurso
Nina Leite

Letra a Letra
Jean Allouch

Mal-Estar na Procriação
Marie-Magdeleine Chatel

Marguerite ou "A Aimée" de Lacan
Jean Allouch

Revista Internacional nº 1
A Clínica Lacaniana
A Criança na Clínica Psicanalítica
Angela Vorcaro

A Feminilidade Velada
Philippe Julien

O Discurso Melancólico
Marie-Claude Lambotte

A Etificação da Psicanálise
Jean Allouch

Roubo de Idéias?
Erik Porge

Os Nomes do Pai em Jacques Lacan
Erik Porge

Revista Internacional nº 2
A Histeria

Anorexia Mental, Ascese, Mística
Éric Bidaud

Hitler – A Tirania e a Psicanálise
Jean-Gérard Bursztein

Littoral
A Criança e o Psicanalista

O Amor ao Avesso
Gérard Pommier

Paixões do Ser
Sandra Dias

A Ficção do Si Mesmo
Ana Maria Medeiros da Costa

As Construções do Universal
Monique David-Ménard

Littoral
Luto de Criança

Trata-se uma Criança – Tomos I e II
Congresso Internacional de Psicanálise e suas Conexões – Vários

O Adolescente e o Psicanalista
Jean-Jacques Rassial

— Alô, Lacan?
— É claro que não.
Jean Allouch

A Crise de Adolescência
Octave Mannoni e outros

O Adolescente na Psicanálise
Raymond Cahn

A Morte e o Imaginário na Adolescência
Silvia Tubert

Invocações
Alain Didier-Weill

Um Percurso em Psicanálise com Lacan
Taciana de Melo Mafra

A Fantasia da Eleição Divina
Sergio Becker

Lacan e o Espelho Sofiânico de Boehme
Dany-Robert Dufour

O Adolescente e a Modernidade – Tomos I, II e III
Congresso Internacional de Psicanálise e suas Conexões – Vários

A Hora do Chá na Casa dos Pendlebury
Alain Didier-Weill

W. R. Bion – Novas Leituras
Arnaldo Chuster

Crianças na Psicanálise
Angela Vorcaro

O Sorriso da Gioconda
Catherine Mathelin

As Psicoses
Philippe Julien

O Olhar e a Voz
Paul-Laurent Assoun

Um Jeito de Poeta
Luís Mauro Caetano da Rosa

Estética da Melancolia
Marie-Claude Lambotte

O Desejo do Psicanalista
Diana S. Rabinovich

Os Mistérios da Trindade
Dany-Robert Dufour

A Equação do Sonhos
Gisèle Chaboudez

Abandonarás teu Pai e tua Mãe
Philippe Julien

A Estrutura na Obra Lacaniana
Taciana de Melo Mafra

Elissa Rhaís
Paul Tabet

Ciúmes
Denise Lachaud

Trilhamentos do Feminino
Jerzuí Tomaz

Gostar de Mulheres
Autores diversos

Os Errantes da Carne
Jean-Pierre Winter

As Intervenções do Analista
Isidoro Vegh

Adolescência e Psicose
Edson Saggese

O Sujeito em Estado Limite
Jean-Jacques Rassial

O que Acontece no Ato Analítico?
Roberto Harari

A Clínica da Identificação
Clara Cruglak

A Escritura Psicótica
Marcelo Muniz Freire

Os Discursos e a Cura
Isidoro Vegh

Procuro o Homem da Minha Vida
Daniela Di Segni

A Criança Adotiva
Nazir Hamad

Littoral
O Pai

O Transexualismo
Henry Frignet

Psicose, Perversão, Neurose
Philippe Julien

Como se Chama James Joyce?
Roberto Harari

A Psicanálise: dos Princípios
Ético-estéticos à Clinica
W.R. Bion – Novas Leituras

O Significante, a Letra e o Objeto
Charles Melman

O Complexo de Jocasta
Marie-Christine Laznik

O Homem sem Gravidade
Charles Melman

O Desejo da Escrita em Ítalo Calvino
Rita de Cássia Maia e Silva Costa

O Dia em que Lacan me Adotou
Gérard Haddad

Mulheres de 50
Daniela Di Segni e Hilda V. Levy

A Transferência
Taciana de Melo Mafra

Clínica da Pulsão
Diana S. Rabinovich

Os Discursos na Psicanálise
Aurélio Souza

Littoral
O conhecimento paranóico

Revista Dizer – 14
A medicalização da dor

Neurose Obsessiva
Charles Melman

A Erótica do Luto
Jean Allouch

Um Mundo sem Limite
Jean-Pierre Lebrun

Comer o Livro
Gérard Haddad

Do Pai à Letra
Hector Yankelevich

A Experiência da Análise
Norberto Ferreyra

A Fadiga Crônica
Pura H. Cancina

O Desejo Contrariado
Robert Lévy

A SEREM EDITADOS:

Os Nomes Indistintos
Jean-Claude Milner

O Caminhante Analítico
Victor Smirnof

Gide-Genet-Mishima
Catherine Millot

Figuras do Real
Ginette Michaud

O Amor do Outro ao Amor de Si
Patrick Delaroche

A Topologia de Lacan
Jean-Paul Gilson

O Conhecimento Paranóico
Revista Litoral

Letra e Pulsão de Morte
Andre Green

A Arte de Reduzir as Cabeças
Dany-Robert Dufour

Enigma do Incesto
Laure Rozen

O Inferno do Dever
Denise Lachaud

A Quarta Mulher
Paul Tabet

O Sexo Conduz o Mundo
Colette Chiland

Lacaniana
Moutapha Safouan

Dez Conferências de Psicanálise
Moustapha Safouan

Estados de Abandono
Jacques André

Transferência e Estados Limites
Jacques André

Da Paixão
Jacques André

De Poetas, Crianças e Criminalidades:
a propósito de Jean Genet
Isidoro Vegh

A Violência na Adolescência
Pierre Kamerer

O Próximo
Isidoro Vegh

Para uma Clínica do Real
Isidoro Vegh

A Significação do Falo
Diana Rabinovich

A Angústia e o Desejo do Outro
Diana Rabinovich

O Fracasso do Fantasma
Silvia Amigo

A Topologia de Jacques Lacan
Jean-Paul Gilson

Do Amor do Outro ao Amor de Si
Ginette Michaud

As Figuras do Real
Patrick Delaroche

O Caminhante Analítico
Victor Smirnof

A Ambivalência Materna
Michele Benhaïm